The Conquest of Happiness

Bertrand Russell

赢得幸福

[英] 伯特兰 · 罗素 著
张琳 译

上海人民出版社

《动物》

我真的愿意和动物们在一起
他们是如此淡定和自足
我久久地凝望着他们
他们从不怨天尤人
他们从不夜不能寐地检讨自身
他们从不假惺惺地向上帝表虔诚
没有一个不知足的——没有一个因私欲而狂躁不安
没有一个对同伴俯首帖耳
也不会有哪个对死掉几千年的同伴五体投地
更没有谁可以凌驾于全世界之上

——惠特曼[①]

---

① 译文来源于 https://m.sohu.com/a/68904340_101025。

目录

序 言

在其漫长的职业生涯早期，甚至直到四十五六岁，伯特兰·罗素都相信哲学是一门严格的技术性学科。在他看来，哲学事实上是逻辑学的一个分支，与日常生活全然无关。20 世纪 20 年代早期，罗素在北京生活和教学期间①，也仍秉持这个观点。因此，当中国年轻的知识分子在国家陷入混乱之际向他请教社会和政治问题时，罗素没能给予指导。美国实用主义哲学家约翰·杜威同期也在中国②，他毫不犹豫地回应这些诉求，以至于至今在中国都颇受崇敬，而罗素在北京大学之外就鲜有印迹了。

但是，罗素将哲学作为严格技术的观点并未持续更久。他的哲学家声望促使人们向他请教任何可以想象得到的主题。罗素意识到，写那些非技术性的书和文章是一种赚钱的捷径。他发现，读者渴望了解哲学家对生活和道德难题的看法。每一代人都会遇

① 1920 年至 1921 年间，罗素在北京访问。——译者注
② 1919 年至 1921 年间，杜威在中国访问。——译者注

到新的难题，这吸引着社会上更愿意思考的那部分人。这些人当然有能力去阅读历史上伟大的思想家包括古典哲学家的作品，以帮助自己解决困惑。他们中的一些人也确实是这么做的。但是人们对于自己时代的哲学家的思想会有一种独特的兴趣，因为这些哲学家分享着和自己完全一样的经验和难题，从而其观点也就具有一种附加的价值。罗素发现自己能够迎合这样一种需要，并最终把关注点转移到这些日常问题上。

事实上，罗素对于“大众哲学”的态度转变，早在第一次世界大战期间就埋下了种子。在这可怕的时期，罗素作为反战活动家投入运动，结果两度犯法，入狱数月，并完成大量与此次运动有关的文章和演说。但此时的罗素并未把这些作品当作哲学事业的一个面向。思想家应该投身于解决时代的迫切难题，致力于借助哲学史上伟大的道德和政治辩论中的原则和思想资源——由于某种奇怪的原因，这样的想法对于19世纪晚期和20世纪60年代之前的英国哲学家而言是陌生的。这个阶段的哲学学者，明确否认对时代问题的任何兴趣或者责任。令人意外的是，罗素（世俗上）的教父约翰·密尔绝非这种超然世外的哲学家。恰恰相反，约翰·密尔追随自己的父亲詹姆士·密尔及其导师边沁，是一位在改善世界方面竭力作出贡献的杰出代表。

20世纪20年代的中晚期，罗素把反战运动期间所做的工作与不断受邀发表演说探讨当代社会的种种欠缺联系起来。在他看来，教育是阻止战争和造福未来的关键，正如当时其他许多知识分子所做的那样（包括卡尔·波普尔、路德维希·维特根斯坦都选择去做一名教师），这让罗素决定开办一所学校。所有这些因素都使他重返哲学家既是学者又是教师和向导的伟大传统。这导致的结果是，罗素开始了持续多年的针对教育、道德以及核战争威胁等大范围社会和政治议题的写作、演讲和运动。

由此，公共哲学家的身份完全支配了罗素，从他的作品目录可见一斑：1926 年《论教育，尤其是幼儿教育》出版于英国，该书以书名《教育与善的生活》同年出版于美国，之后出版的删节版名为《性格的教育》；1927 年出版《我为什么不是一个基督徒》；1929 年出版《论婚姻与道德》，1930 年出版《赢得幸福》。这一时期，罗素的文章，包括他为美国的《赫斯特报》每周撰写的 600 字专栏文章，都是这类相关主题。罗素在文章中展现出构思典雅的观察所得和智慧片段，其中不乏尚未被开采的珍宝。《我为什么不是一个基督徒》和《论婚姻与道德》持续地引发争议。《论婚姻与道德》一书令罗素在 1940 年失去了他在纽约城市大学的职位，理由是该书不道德，却在十年后让他获得诺贝尔文学奖。

罗素这些非技术性的、社会和道德领域的观点的最大的特色是：常识、清晰、开明。想象一下这种对比：一边是法国学者，手里挥着高卢牌香烟，用晦涩的语言繁复地探讨生活、性和理念；一边是罗素，以清晰、开明和友善来探讨同样这些主题。在太多的思想家群体中，清晰、开明被贬低为太过简单甚至过分简单化，被认为是其中的论证必然忽略了一切微妙、精细和深刻。这是一种具有欺骗性的反对。以最清晰的眼光看来，一些最深刻的道理是简单的；最清醒的头脑能够彻底把握这些道理，以至于能够向所有人呈现出道理的简明性，而不仅仅局限于少数特权者。人们模糊地感觉到，那些挥舞着高卢牌香烟的知识分子有意含混以便将民众排除在外，同时保持自己作为思想家的神秘感。通常的情况是，任何人都可以自己决定是否花力气把专家的深奥概念转换成朴素的语言，并由此来判断他们真正提供了什么。但人们发现这些专家很少提供出罗素在其清晰、机智和精彩的散文中所给予的率真而出色的见解。

由于罗素如此善于言辞，因此没有必要在这里解释他在《赢得幸福》中讲了什么。概览全书，简单地看一下各章的标题，可以发现，罗素所表达的根本道理是：我们通过在工作和人际关系中向外看而获得幸福；我们由于过度关注自我，沉溺于焦虑和恐惧而失去幸福。罗素宣称这些道理并非他的原创但能得到人类经验支持。读者需要关注的是罗素在思考这些简单的、显而易见却具有影响力的真实的思想时所提供的理由、范例和洞见。而且值得谨记的是，这些东西是罗素从痛苦的个人经验中所汲取的。罗素的弟子路德维希·维特根斯坦曾说过，哲学本来的任务就是唤起自己对于已知为真的东西的记忆：这正是罗素在这本书中所做的。

我要对这本平易质朴的幸福指南表达我的敬意。它影响了我的生活。我在十几岁时读了这本书，此后也偶尔翻阅，部分是为了罗素散文本身的魅力，部分也是为了提醒自己，朴素的真理可以得到令人愉悦和难忘的表达。当一个人身陷困局，罗素的建议是：问问自己，在那一刻是否可以做点什么来应对。如果可以，那么去做；如果不可以，那么放到一边，等可以做的时候再做。这个建议令我印象深刻且始终有所助益。说也奇怪，它非常管用，它拥有神奇的效果，让我们把难题放置到恰当的视角。凌晨两点清醒地躺在那里思考一项财务透支计划便是这条建议发挥作用的好例子。

总有人冷嘲热讽地说，我们并不需要坟墓里的幽灵来告诉我们——幸福是积极投身生活和世界的结果。然而，既然这是一条真理，能够让接受和实践它的人产生伟大的变化，那它就是值得关注的。而罗素优雅、机智和富有教益的阐释又增加了这条真理的感染力，从而更有助于我们在面对压力而背离幸福之路的任何时候能够谨记于心。

A.C. 格雷林

自　序

这本书不是写给饱学之士或者那些只是把实践问题用来闲聊的人。本书中没有深奥的哲学或深厚的学问。我的目的仅仅是把一些我希望是由常识所激发的评论汇集起来，我提供给读者的方法都是由我自己的经历和观察所印证的，而且任何时候我遵循它们而行动，都会增进我自己的幸福。因此，我冒昧地希望，那些遭受不幸福且无法安之若素的男男女女们，能够找到自己处境的症结所在和规避之法。我写下这本书是因为我相信，经过指导得当的努力，许多不幸福的人能够变得幸福。

第一部分

不幸福的原因

第一章　什么让人不幸福?

动物只要健康和吃饱就是幸福的。我觉得人类也该如此，但在现代社会却不是这样，至少大多数情况下并非如此。如果你不幸福，你很可能会承认不幸福者大有人在；如果你幸福，那就问问自己朋友中有多少人跟你一样。环顾自己的朋友，让自己学会察言观色的本事，去体会普通日子里遇到的那些人的情绪。布莱克[①]有诗云：

> 我遇到的每一张脸上都有一个印记，
> 那是虚弱的印记，愁苦的印记。

尽管不幸福有多种多样，但你会发现它无处不在。假设你在最典型的现代大都市纽约，身处工作日热闹的马路、周末的大街或是

① 威廉·布莱克（William Blake，1757—1827），英国第一位重要的浪漫主义诗人、版画家，英国文学史上最重要的伟大诗人之一，代表作为诗集《纯真之歌》《经验之歌》等。——译者注

夜晚的舞会，放空自己，让一个接一个的陌生人占据你的内心。你会发现他们每个人都有着自己的烦恼。在上班族身上你会看到焦虑、过度专注、消化不良、对奋斗之外的任何事情都缺乏兴趣、不会玩乐、完全忽视同类的存在。在周末的大街上，你会看到男男女女们生活宽裕，其中一些人还很富有，一心只顾追逐享乐。这种追逐都被导向统一的步调：慢得不能再慢的小轿车排着长队；既不可能看到路，更不可能去看风景，因为一不留神就会引发事故；所有轿车里的所有乘客都想要超车，但又因为拥挤而不可能做到；而那些不需要亲自开车的乘客，若心思撇开眼前的一切，彻头彻尾的无聊就会抓住他们，脸上带着淡淡的不满。偶尔会有一车有色人种的人表现出真正的欢乐，却会因为他们古怪的行为而引发公愤，并且最后由于某起交通事故而落到警察手上——节日里的欢乐是非法的。

或者再去看看愉快的夜生活里的人们。所有人来这里都决意要寻快活，就像立志去牙医那里绝不大惊小怪一样。大家相信喝酒和调情是快乐之门，所以很快就喝醉了，尽量不去注意同伴是那么令人生厌。喝足之后，男人们就开始啜泣和哀叹自己在道德上多么地辜负母亲的养育。酒精在他们身上发挥的作用就是释放负罪感。这种负罪感在清醒时刻是被理性压抑的。

各种不幸福的原因部分在于社会制度，部分在于个体心理——当然，很大程度上个体心理本身也是社会制度的产物。我以前曾写书讨论过如何通过改变社会制度以增进幸福。消除战争、经济剥削以及充满残酷与恐怖的教育等等都不是本书所要谈论的。我们的文明所面对的生死攸关的问题的确是发明一种制度以避免战争。但是如果人们在一种制度中如此地不幸福，以至于互相残杀对他们而言并不比度日如年更为可怕，那么这样的制度也是不可取的。如果机器生产的利润积累到一定程度足以惠及最贫困的人，那么消除贫困就是势所必然的。但是如果富人自己都是痛苦的，那么让每个人富有又有何用呢?充满残酷与恐怖的教育确实糟糕，但自身被残酷与恐怖的激情奴役的人们是提供不出别样教育的。上述考虑将我们引向了个体的问题：此时此地的男女，身处我们这个怀旧的社会，能够做些什么让自己获得幸福?在讨论这个问题时，我把关注点限定在那些未遭受极端外在不幸的人们。我假定他们有充足的收入以保障食物和居所，有充分的健康以进行日常的身体活动。至于那些大的灾难诸如失去全部子女、丑事曝光等，的确重要，也有好多话可说，但它属于另一类问题，不属于我要讨论的内容。我希望为寻常的、日复一日的不幸福提供一种治疗。这种不幸福是文明国家中的大多数人都遭受的，而且由于它没有明显的外在原因而显得无可逃避，因此越发地令人不可忍受。我相信这种不幸福很大程度上是由于错误的世界观、错误的伦理、错误的生活习惯破坏了对可能的事物的天生的兴致和欲望。而无论是人还是动物，一切幸福最终依赖于这种天生的兴致和欲望。这些事是个人能力范围之内的事情，所以我希望提供一些改造它们的建议，借此，运气一般的人就能够得到幸福。

或许对我个人经历的简单介绍，可以为我所倡导的这种哲学作一个最好的导语。我并非生而幸福。小时候我最喜欢的赞美诗是：“尘世可厌，负载我罪。”五岁的我就在思考：如果我活到七十岁，那我才刚刚忍受了整个人生的十四分之一。我感到的是自己面前铺展开的漫无边际的几乎难以忍受的厌烦。在青春期，我憎恨人生，总处在自杀的边缘，好在去了解更多数学知识的欲望阻止了我去自杀。现在情况刚好相反。我感受到生活的乐趣，我几乎要说，我对生活的享受一年胜过一年。这部分地归功于我发现了自己最渴望的东西是什么并且逐步获得了它们。部分也是因为我成功地抛开了欲望的一些特定对象——比如获取关于事物不容置疑的知识这类本质上不可能获得的东西。而最重要的原因是我逐渐降低了对自我的过度关注。就像那些接受了清教徒式教育的人，我也习惯于反思自己的罪、愚蠢和缺点。在我看来，自己毫无疑问就是个可怜的家伙。但渐渐地，我学会对自己以及自己的缺点漠不关心，把注意力集中在外部事物之上：世界状况、知识的各个分支、自己所喜爱的人等。外在的兴趣的确可能会带来痛苦：世界可能会陷入战争、某些方向上的知识可能是难以获取的、朋友可能会死去，等等。但这类痛苦不会像由自我厌恶所产生的痛苦那样摧毁生活的基本质量。每一个对外的兴趣都激发出某种活动。只要兴趣还在，这种活动就能预防厌倦的发生。而对自身的兴趣则相反，会让人不再采取进取性的活动。它或许会让人记日记，对自己作心理分析或是成为一个修道士。但修道士只有在修道院的日常功课已经让他遗忘了自己灵魂的时候才是幸福的。他以为靠宗教才能获得的幸福，其实从打扫大街的工作中也能获得，只要他被迫把这份工作坚持到底。对于那些自我关注过于严重而任何其他方式都无法治愈的不幸的人们，外在的纪律是获得幸福的唯一道路。

自我关注的方式多种多样。我们这里讨论三种常见的类型是负罪者（sinner）、自恋者（narcissist）和自大狂（megalomaniac）。

当我说“负罪者”的时候并不是指犯下罪行的人。每个人都犯罪还是没有人犯罪，这取决于对罪的定义。我所说的负罪者指的是被罪恶感吞没的人。这样的人永远对他自己不满，如果他是一个信徒，他会把这解释为上帝对他不满。他对他自己应该是什么样子有一幅图像，而这与他所了解的自己实际所是的样子不断地发生冲突。在他意识层面的思考中，他早已放弃了在母亲膝下所学到的准则，他的负罪感可能深深地埋藏在他的无意识之中，只会在他睡着或是喝醉的时候才会涌现出来。尽管如此，这足以让每样东西都带有罪恶的意味。在心底，他仍然接受幼年时教授给他的所有禁令。咒骂是邪恶的；酗酒是邪恶的；日常生意上的奸诈是邪恶的；最首要的，性是邪恶的。他当然不会戒掉上述享乐中的任何一种，但这些享乐会让他产生恶感，让他感到丢脸。他整个灵魂所渴望的一种快乐就是得到母亲赞许的爱抚，他记得这是在孩童时体验过的。不再能够得到这种快乐让他感到什么都无所谓。既然自己**注定要（must）**犯罪，他就决意狠狠地去犯罪了。当他堕入爱河的时候，他寻求的是母亲般的温柔，但又不能接纳这种来自母亲形象的温柔，因为对于与他发生性关系的任何女人，他都不会产生敬意。于是，在失望中，他变得残酷，同时又忏悔自己的残酷，一再地在想象中的罪与真实的悔恨之间令人沮丧地打转。许多表面看似狠心的恶棍，就是抱着这样的心理。让他们陷入迷途的是对不可得之物（母亲或母亲的替代物）的追求以及早年被反复灌输的某种荒唐的伦理准则。对于这些母性“美德”的牺牲者而言，从早年的信条和喜爱的暴政下解放出来是走向幸福的第一步。

在某种意义上，自恋是习惯性负罪感的反面。它的问题在于习惯赞赏自己并希望得到赞赏。在一定程度上，这当然是很正常的，不会遭到谴责。只有在过度的情况下才变成一种严重的罪恶。许多女人，尤其是富裕阶层的女人，对爱的感受力全然枯竭，取而代之的是一种强烈的愿望——希望所有男人都爱她们。这样的女人只要确信某个男人爱她，便不再需要他了。同样的事情也会发生在男人身上，尽管没那么常见，典型的例子是《危险的关系》(*Liaisons Dangereuses*)[①]中的男主人公。当虚荣心达到这种高度，对其他任何人就不会有真正的兴趣，因此也不会从爱中获得真正的满足。其他方面的兴趣就衰退得更为可怕了。举例来说，人们对大画家的崇拜会激励自恋者也去学习艺术。但对他而言，绘画仅仅是达到目的的一种手段，他从未对绘画技艺本身产生兴趣，除非关乎自己，否则没有什么能够被他注意到。结果就是失败和失望，成为笑料而非获得恭维。同样的情况也发生在那些自恋的小说家身上，他们的小说总是把自己理想化为女主人公。工作上一切严肃的成功所依赖的是对相关素材怀有真正的兴趣。成功的政治家接连不断地上演悲剧，就是因为他们逐渐用自恋代替了对共同体以及自己所主张的议案的兴趣。只对自己感兴趣的人是不值得赞赏的，别人也不会觉得他们有什么好赞赏的。自恋者对世界唯一的关注就是世界应该赞赏他，而这个目标到头来却根本不可能实现。即使他实现了，他也不会完全幸福，因为人的本能从来都不会是完全的自我中心。自恋者作茧自缚，就像那些被负罪感支配的人一样人为地进行自我限制。原始人可能会因为自己是个好猎手而自豪，但他们对于打猎活动本身也是很享受的。当虚荣心超出一定限度，就会扼杀每种活动本身的乐趣，

① 法国作家拉克洛创作的小说。——译者注

从而不可避免地导致倦怠和厌烦。虚荣心的根源通常在于缺乏自信，可以通过增强自我尊重来予以医治。而自我尊重只能靠由客观的兴趣所激发的成功的活动来获得。

自大狂与自恋者的不同之处在于，自大狂想要的是强大(powerful)而非迷人，竭力让人惧怕而非惹人爱慕。许多疯子以及历史上大多数的伟人都属于这种类型。对权力的热爱，就像虚荣心一样，是正常人性中一种强大的因素，就其本身而论是可以接受的。只有过度或是缺乏现实感的时候，它才是应该受谴责的。这种情况下，自大会让人不幸福或者愚蠢，或者两者兼而有之。认为自己贵为君王的疯子某种意义上还可能是幸福的，但这种幸福是任何清醒的人都不会忌妒的。亚历山大大帝在心理上和疯子是一种类型，尽管他拥有天赋去实现疯子的梦想。但是，他却不能实现自己的梦想，因为他的成功总是激发出更大的梦想。当他作为伟大征服者的声名确立的时候，他却决意要成为神[①]。他是个幸福的人吗？他的酗酒，他的狂躁，他对女人的冷漠，他封自己为神，都表明他不幸福。牺牲人性中的其他所有而成就人性中的某一因素，或是把整个世界都看作实现自我辉煌的原材料，都不可能获得最终的快乐。通常来说自大狂，无论是精神错乱还是表面上头脑清醒，都是某种过度屈辱的产物。拿破仑读书时就由于地位低下而深受其苦：同学们都是富有的贵族，而他是个靠奖学金上学的贫困生。后来他恩准流亡者回国，看到昔日的同学在自己面前顶礼膜拜的时候，他感到了满足。那是怎样的狂喜！然而这也促使他希望在沙皇面前获得类似的满足，而这却把他送

① 亚历山大大帝封自己为宙斯之子。——译者注

到了圣赫勒拿岛[①]。既然没有人是无所不能的，完全被权力之爱支配的生活，一旦碰到无法克服的障碍，是早晚要失败的。尽管一个人如果足够强大，能够把向他坦陈实情的人投监或处死，也只有某种形式的神经错乱才能够阻止人们意识到上述事实。因此，政治上以及心理分析意义上的压抑常常是齐头并进的。心理分析上任何显著的压抑发生在哪里，哪里就没有真正的幸福可言。限制在合理界限之内的权力或许会大大地增进幸福，但如果把它作为人生的唯一目的，那只能是走向内在的或者外在的灾难。

很显然，不幸福的心理原因有多种多样。但它们也有些共性。典型的不幸福的人是那种在年轻时被剥夺了某种正常满足，从而对这种满足的重视远远胜过任何其他的满足，以至于让生活偏向单一的方向，以及伴随而来的过分强调这种活动所带来的成就而不是活动本身。然而在今天，这种情况的某种进一步的发展非常普遍。一个人感到彻底的受挫以至于不再寻求任何形式的满足，只是一味地排遣和遗忘，变成了追逐享乐者。也就是说，他试图减少自己的活力以便让生活更容易忍受。比如说，酗酒是一种暂时的自杀，它所带来的幸福仅仅是消极的，是对不幸福的某种短暂的中断。自恋者与自大狂都相信幸福是可能的，尽管他们会采取错误的方式去追求幸福。但寻求酒精麻醉的人，在任何形式上都放弃了希望，只剩下遗忘。在这种情况中，首要的事情是说服他相信幸福是值得追求的。就像不幸福的人里面那些睡眠不好的人，就总是为此自豪。或许就像失去了尾巴的狐狸的那种自豪，只要指出如何能够长出一条新的尾巴就能治愈他们的不幸

① 1815年，拿破仑战败于滑铁卢后被流放至圣赫勒拿岛，并于1821年病逝于此。——译者注

福。我相信，如果能够发现一种实现幸福的方法，那么很少有人会有意地选择不幸福。我不否认这样的人存在，但其数量还没有多到应该予以重视。因此我假定读者宁愿幸福而非不幸福。我不知道这本书是否能够帮助他实现这个愿望，但无论如何，我的努力是无害的。

第二章　拜伦式的不幸福

如同世界历史上的许多其他时期一样，在我们这个时代常常有人以为我们中有智慧的人已经看穿了前代的所有热忱并已经意识到生活没有意义。持有这种观点的人是真正不幸福的，但他们以他们的不幸福为骄傲，他们将其归因于宇宙的本质并认为这是受过启蒙的人的唯一的理性态度。他们以自己的不幸福为骄傲使得不那么老于世故的人怀疑其真实性。后者认为享受痛苦的人是不痛苦的。这种看法过于天真了。无疑这些受害的人从他们的优越感和洞察力中得到了些许补偿，但这并不足以弥补他们损失掉的更为素朴的快乐。我个人并不认为不幸福中蕴含着更高的理性。有智慧的人会在环境允许的情况下尽可能地过得幸福，一旦他发现思考宇宙带来的痛苦超出了一定程度，他就会去思考用其他东西来代替。这就是我要在本章证明的东西。我要说服读者，无论如何论证，理性都不会成为实现幸福的障碍。不仅如此，我还相信那些真诚地把他们自己的悲伤归因于自身宇宙观的人是因果倒置了。其实，他们不幸福是由于某种他们没有意识到的原因，正是这种不幸福导致了他们凝思于他们身处的世界中不那么令人愉快的特性。

对现代美国人而言，我想要讨论的这种不幸福观是在约瑟夫·伍德·克鲁奇（Joseph Wood Krutch）先生[①]在《现代性情》（*Modern Temper*）一书中所展示的。对我们祖辈而言，它由拜伦（Byron）[②]所展示；对所有时代的人来说，它为《传道书》（*Ecclesiastes*）的作者所展示。克鲁奇先生写道："我们的事业是一项注定要失败的事业，自然宇宙中没有我们的位置，但我们并不因此而为自己属于人类而遗憾。我们应该宁愿作为人死去，也不愿作为动物活着。"拜伦写道：

> 世间哪有一种欢乐能和它拿去的相比，
> 呵，那冥想的晨光已随着感情的枯凋萎靡。[③]

《传道书》的作者写道：

> 因此，我赞叹那早已死去的死人，胜过那还活着的活人。
>
> 并且我以为那未曾出生的，就是尚未见过日光之下恶事的，比这已死去的死人和还活着的活人更好。

这三位悲观主义者在审视了生活的乐事之后得出了他们沮丧的结

① 克鲁奇（1893—1970），美国作家。——译者注
② 拜伦（1788—1824），英国诗人。——译者注
③ 本段乐章的译文为穆旦译文。——译者注

论。克鲁奇先生一直生活在纽约最具才智的圈子。拜伦曾横渡达达尼尔海峡（Hellespont）[①]，而且他自己也有过很多恋情。《传道书》的作者更是追求过各种乐事：他享用美酒、音乐以及“各种各样的东西”；他挖造水池；他拥有男仆、女仆以及在他房子里出生的仆人。即便在这样的环境中，他的智慧也没有离开他自己。尽管如此，他把所有这些看作是无价值的，甚至把智慧也看作是无价值的。

> 我又用心了解智慧、疯狂和愚昧。我领悟到这也是精神的烦恼。
>
> 因为智慧多，就忧虑多。知识越多，就忧伤越多。

看来他的智慧让他烦恼，他做了摆脱智慧的努力，但未成功。

> 我在我心里说，我现在就以喜乐试试你，因此可以享乐。然后，看到，这也是无价值的。

但是他的智慧仍然和他在一起。

> 然后，我在我心里说，愚人所遇见的，连我也遇见了。那我为何更有智慧呢？我在我心里说，这也是无价值的。
>
> 所以我恨恶生活，因为在日光之下所行的事对我都是让人忧虑的，因为所有一切都是无价值的和精神的烦恼。

---

① 拜伦横渡达达尼尔海峡是为了纪念一对传说中的恋人。此事发生在1810年。——译者注

现在的人们已经不再读任何很久以前写的东西了，这对文人来说是幸运的，因为如果现在的人们读过的话，他们会得出结论，不管你怎样去描写池塘里的水，写新书肯定是无价值的。如果我们能够说明《传道书》中的信条不是明智的人的唯一选择，我们就不需要为后来有关这种心境的各种表述所困扰。在这种讨论中，我们必须区分一种心境和对这种心境的经过智力加工的表述。对于一种心境，我们无可争辩。心境可能会由于发生某些幸运的事或者我们的身体发生了变化而改变，但是心境不会因为争辩而发生改变。我自己常常体验到一种心境，当在这种心境中时，我感到所有的都是无价值的。我从中摆脱出来并不是用任何的哲学，而是借助一些必要的行动。如果你的孩子生病了，你会感到不快乐，但是你不会觉得所有的都是无价值的。不管人生是否存在终极的价值，让孩子恢复健康都是一件要去做的事。富人可能而且常常会感到所有的都是无价值的，但是如果他失去了他的钱，他会感到他的下一顿饭绝不是无价值的。这种所有的都是无价值的感觉是自然需求过于容易满足的产物之一。和其他动物一样，人类这种动物已经适应了一定程度的生存斗争，而当智人凭借着巨大的财富能够不费力地满足所有的奇思怪想之时，仅仅是他的生活中缺少努力就让幸福的一个必要成分消失了。一个能轻易得到他只是有点想要的东西的人会得出这样的结论，即欲望的实现不会带来幸福。如果他有哲学倾向的话，他会认为人生本质上是令人不快的，因为得到了所有想得到的东西的人仍然是不幸福的。他忘了，缺少一些你想要的东西是幸福不可缺少的一部分。

关于心境就说这么多。但是，在《传道书》中还有经过智力加工的论证。

> 江河都流入海中，但海却不满。
>
> 太阳之下并无新鲜事。
>
> 从前的事物，无人记得。
>
> 我恨恶我在日光之下的所有劳动，因为我得来的必定会留给我以后的人。

如果有人要尝试用当代哲学家的风格来说出这些论证的话，他会说出像这样的话：人在不停地劳作，事在不停地变动，然而没有什么是永恒的，虽然新来的和旧去的绝不会有什么不同。一个人死了，他的继承人获得了他的劳动成果。河流流入海中，但河流的水并不能在海中停留。在一遍又一遍无穷无尽而没有目的的循环中，人和物生生死死，没有改进，也没有永恒的成就，就这样日复一日，年复一年。如果河流明智的话，就停留在所在的地方。如果所罗门明智的话，就不去种下那些由他的子孙享用果实的果树。

但是，用另一种心境的话，所有这些看起来是多么的不同。太阳之下并无新鲜事？那摩天大楼、飞机和政治家的广播演说算不算新鲜事呢？所罗门①对于这些事情知道什么呢？如果他通过无线电听到示巴女王从他的领地回去之后对她的臣民所发表的演说，这能让他从那些无用的果树和池塘中得到安慰吗？如果他有一个剪报服务机构能让他知道报纸如何报道他的建筑漂亮、他

① 当然，《传道书》实际上并非由所罗门所写，为方便起见，用这个名字来指称其作者。——原书注

的后宫舒适、与他辩论的哲人的尴尬，他还会说太阳之下并无新鲜事？也许这些事并不能完全治愈他的悲观主义，但是他将不得不给它一个新的表述。其实，克鲁奇对当代不满的事之一是太阳之下太多新鲜事。如果没有新鲜事和有新鲜事都一样让人烦恼的话，那看起来没有新鲜事和有新鲜事都不是绝望的真正原因。再来看这样的事实："江河都流入海中，但海却不满。江河从哪里来，它们就回到哪里去。"把这作为悲观主义的根据是假设了旅行并不让人快乐。人们夏季去疗养胜地度假，早晚有一天再回到出发的地方。这不能证明在夏季去疗养胜地是无效的。如果水被赋予情感的话，它们很可能会享受这充满刺激的循环，就像雪莱的诗《云》中写的那样。至于把物留给自己继承人的痛苦，可以从两方面来看待。从继承人的角度来看，这无疑不是什么坏事。所有的物本质上都会消失这一事实也不能成为悲观主义的根据。如果接替它们的是更差的物，那么可以成为悲观主义的根据，但是如果接替它们的是更好的物，那么这就成为了乐观主义的理由。如果像所罗门所说的那样，接替它们的是与它们全然一样的物，那我们该怎么认为呢？这会让整个过程变得无用吗？显然不会，除非是这个循环的各个阶段本身是令人痛苦的。有一种习惯就是展望未来并认为当下的全部意义就在于能在未来带来什么，这种习惯是有害的。如果所有的部分都没有价值，整体才没有价值。在情节剧中，男女主人公在历经难以置信的不幸之后获得圆满的结局，但人生不能被想象成情节剧那样。我过我的日子，我的儿子接着我过他的日子，而他的儿子再接着他。这其中如何能制造出悲剧呢？在情节剧中，如果我一直活着的话，生活的快乐最终不可避免地会失去其味道。而实际情况是，生活的快乐一直保持着新鲜。

我用生命之火温暖双手。

火变弱了，我也准备离开了。

这种态度和对死亡感到愤怒的态度一样理性。所以，如果心境是由理性决定的话，那么让人快乐的理由正如和让人绝望的理由一样多。

《传道书》是悲剧性的，克鲁奇先生的《现代性情》是引人怜悯的。实质上，克鲁奇先生悲哀是因为旧的在中世纪确定无疑的事情已经崩溃了，而一些起源时间更近一些的确定无疑的事情也已经崩溃了。他说："至于当前这个令人不快的时代，游荡着从已死的世界来的幽灵，而对自身也仍未熟悉，其困境就像是一个还没学会不去根据童年时的神话来调整自己的青少年的困境。"对于一部分知识分子来说，这样的说法完全正确。这部分知识分子受过文学教育，对当代世界一无所知，在整个青年时期被教导要把信仰建立在情感的基础之上，因而无法让自己摆脱婴幼儿期对安全和保护的欲望。而科学的世界不能满足这种对安全和保护的欲望。就像大多数其他文人，克鲁奇先生执着地认为科学未能兑现人们对它的期望。当然，他没有告诉我们人们对科学的期望是什么，但是，他似乎是认为60年前像达尔文和赫胥黎[①]这样的人对科学的某些期望至今未能实现。我认为这完全是一种错觉，这种错觉为那些不希望自己的专业被认为没什么价值的作家

① 此处的赫胥黎，应是指托马斯·亨利·赫胥黎（Thomas Henry Huxley，1825—1895），英国著名博物学家、生物学家、教育家。——译者注

和神职人员所助长。的确，此刻在世界上有许多悲观主义者。每当有许多人收入下降时，就总是会有许多悲观主义者。诚然，克鲁奇先生的悲观与此无关。他是美国人，美国人的收入整体上因战争而增长。然而，战争本身带给每个人以不稳定感，整个欧洲大陆的知识阶层深受其苦。战争这类社会原因对一个时代的精神面貌的影响远大于这个时代关于世界本质的理论解释所产生的影响。虽然在13世纪让克鲁奇先生如此惋惜的信仰为除了皇帝和少数显赫的意大利贵族以外的所有人所坚信，但比13世纪更令人绝望的时代则几乎没有。所以，罗杰·培根（Roger Bacon）会说："罪在我们这个时代比过去任何时代都要盛行，而罪与智慧是互不相容的。让我们来看一下世界上的所有状况，并对每一处都彻底地细看一下，我们会发现无止境的腐败，而这首先就存在于最上位的人……纵欲让整个宫廷蒙羞，而暴饮暴食主宰了一切……那么如果这是最上位的人的所作所为，下面的成员会是怎样呢？来看一下高级神职人员吧，他们如何追逐金钱而忽视对灵魂的治愈……让我们看一下整个宗教界，所有人都是这样。看他们个个都如何背弃正确的状态。而新的宗教阶层托钵修士也彻底丧失了最初的尊严。所有的神职人员专注于自大、纵欲和贪婪。而只要是在有见习修道士聚集的地方，他们就会打架、吵架和干其他坏事，这让俗人感到愤慨……没人在意自己做了什么，只要能满足他的欲望，他就不择手段。"关于古代的异教圣人，他说："他们的生活不仅在所有的礼仪方面而且在蔑视世俗方面都要比我们的生活要好很多，两者完全无法相比，他们的生活愉快、富足而光荣。在亚里士多德、塞涅卡（Seneca）、西塞罗、阿维森纳（Avicenna）、法拉比（Alfarabius）、柏拉图、苏格拉底和其他人的著作里就可以看到他们，他们就是这样获得智慧的秘密和发现所有的知识的。”[①] 与罗杰·培根同时代的文人都和罗杰·培根的观点一致，他们中没有人喜欢自己身处的时代。我从不认为这种悲观主义有任何形而上学的原因。其原因是战争、贫穷和暴力。

在克鲁奇先生的书中，最让人伤感的章节中有一章所讨论的主题是爱情。似乎维多利亚时代的人们把爱情看得很高，但是长于当代且世故的我们已经看透了爱情。“对于心存更多怀疑的维多利亚时代的人们，爱情发挥着他们已经失去的上帝的一些作用。面对爱情，许多人，甚至是最为不感情用事的人，会一时变得不可思议。他们发现自己面对某些唤起他们崇敬感的东西，而其他任何东西已无法唤起他们的崇敬感。他们还发现自己面对某些他们从内心深处感到毫无疑问要忠诚的东西。对他们来说，爱情就像上帝一样，要求全部的牺牲，但是也像上帝一样，通过赋予所有生活中的现象以一种尚未消解的意义来回报其信徒。我们已经变得比他们更为习惯一个没有上帝的世界，但是我们还没有习惯一个没有爱情的世界，而只有当我们已经习惯一个没有爱情的世界，我们才能认识到无神论的真正含义。”奇怪的是，我们这个时代的年轻人对维多利亚时代的看法与身处那个时代的人自己的看法是如此的不同。我记得有两位我年轻时熟识的老太太，她们都在某些方面有着那个时代的特征。其中一位是清教徒，另一位是伏尔泰哲学拥护者。前者为太多的诗歌以爱情作为题材感到痛惜，她坚持认为爱情是一个乏味的主题。后者说：“没人能说服我，但我还是一直要说破第七诫没有破第六诫那么恶劣，因

① 引自 Coulton, *From St. Francis to Dante*, p.57。——原书注

为至少需要取得对方的同意。”[1]这些观点与克鲁奇先生所写的典型的维多利亚时代的人的观点相去甚远。他的思想明显是来自某些与其身处的环境极不协调的作家。我想，最佳的例子就是罗伯特·勃朗宁（Robert Browning）[2]。但是，我深信他所想象的爱情中有一些古板的东西。

感谢上帝，他所创造的人中最为卑微的人
也有两面的灵魂，一面对着世界
一面给他所爱的女人看

这是假定斗争是面对整个世界的唯一可能的态度。为什么？若勃朗宁来回答的话，会说因为世界是残酷的。若我们来回答的话，会说因为世界不会按照你的自我评价来接纳你。一对夫妻可以组成一个相互敬仰的社会，就像勃朗宁夫妇所做的那样。无论一件作品是否值得赞扬，而在身边的人肯定会去赞扬这件作品，那是令人愉快的事。而当勃朗宁用毫无分寸的措辞指责菲茨杰拉德（Fitzgerald）[3]居然不赞赏《奥罗拉·李》(*Aurora Leigh*)[4]时，勃朗宁一定会觉得自己是一个好丈夫，一个有着男子汉气概的丈夫。我不觉得这种双方把批评功能都搁置起来的做法是真正值得赞赏的。这种做法和恐惧密切相关，意在寻找一个避风港，以躲避不带偏见的批评的寒风。许多年老的单身汉学会从自家的炉边获取同样的满足。按照克鲁奇先生的标准，我在维多利亚时代生

① 第六诫为不可杀人，第七诫为不可奸淫。——译者注
② 罗伯特·勃朗宁（Robert Browning，1812—1889），英国诗人、剧作家。——译者注
③ 爱德华·菲茨杰拉德（Edward Fitzgerald，1809—1883），英国诗人、翻译家。——译者注
④ 《奥罗拉·李（Aurora Leigh）》为勃朗宁夫人的诗歌作品。——译者注

活的时间太长了，不能算是当代人①。我丝毫没有丧失对爱情的信仰，但是我所信仰的那种爱情不是维多利亚时代人们所赞赏的那种。我所信仰的那种爱情大胆且带着警觉，在让人知晓善的同时不忘恶，也不自诩为神圣的或者圣洁的。为人们曾经赞赏的那种爱情赋予神圣、圣洁这些品质是性禁忌的结果。维多利亚时代的人们深信大多数性行为是恶的，所以不得不对能够认可的性行为用上夸张的形容词。那时的性饥渴程度要比现在严重，而这无疑导致人们夸大性的重要性，就像是禁欲主义者一直在做的那样。我们现在正在经历一段有些混乱的时期，许多已经抛弃了旧标准的人还没有得到新标准。这给他们带来了各种各样的困扰，且因为他们的无意识通常仍然信奉旧标准，当困扰到来的时候，就造成了绝望、悔恨和愤世嫉俗。我不认为这样的人会很多，但是他们属于这个时代最愿意发声的人。我相信，如果把我们这个时代富裕的年轻人和维多利亚时代富裕的年轻人放在一起比较的话，将会发现就爱情来说在我们这个时代会幸福得多，而且对爱情价值的信奉也比 60 年前真诚得多。导致某些人愤世嫉俗的原因与旧观念对其无意识的严酷控制，以及缺少当今人们可以用来约束自己行为的理性伦理有关。解决这问题的对策不在于对过去的悲伤和怀念，而在于要以更大的勇气接受当代的观念，决心把名义上已经抛弃的迷信从模糊的隐藏之处根除。

要简短地说清人为什么重视爱情并不容易，但是我想尝试一下。首先，爱情被重视是因为爱情本身是快乐的一个源泉，虽然这不是爱情最重大的价值，但是对于爱情其他价值的实现必不可少。

① 罗素生于 1872 年。维多利亚时代的时限常被定义为 1837 年至 1901 年，即维多利亚女王（Alexandrina Victoria）的统治时期。——译者注

哦，爱情！他们大大错怪了你
他们把你的甜蜜说成苦涩，
当你结满硕果之时
比任何东西都要甜蜜。

当无名氏写下这些诗句的时候，他并不是在为无神论寻找答案，也不是在为宇宙寻找答案，他只是在自娱自乐。拥有爱情是快乐的源泉，缺少爱情是痛苦的源泉。其次，爱情被重视是因为爱情让所有最让人快乐的事，诸如音乐、山上的日出和满月下的大海，变得让人更加快乐。一个从未在自己所爱的女人陪伴下一起享受美好事物的男人，就不可能体验到这美好事物所具有的最大的魔力。再次，爱情能够击碎自我的坚硬外壳，因为这是一种生物性的合作，在这合作中，每一方的情感都必须满足对方本能的目标。在世界上，在不同的时期曾有过各种倡导孤独的哲学，其中有些非常高尚，有些不那么高尚。斯多葛学派和早期的基督徒相信，仅凭自己的意志，或者至少是不需要他人的帮助，一个人就能实现人生所能达到的最高的善。有些其他哲学流派把权力当作人生的目的，还有些其他哲学流派把纯粹的个人享乐作为人生的目的。所有这些哲学流派都把善看作不仅是在或大或小的人际社会中可以实现，而且是每个独立的人可以实现，从这个意义上讲，这些哲学流派都是倡导孤独的。在我看来，这些观点都是错误的，这不仅从伦理学理论上讲是错误的，而且从我们本能的较好部分的表现来看也是错误的。人依赖于合作，而自然也赋予了人以天生的器官，以产生合作所需要的友善，诚然这些器官还有些不足。爱情是导致合作的最初和最常见的情感形式。对于认为一个人的最高的善与其所爱的人的最高的善相互独立无关的哲学，凡是体验过爱情的人，无论其体验的强弱，都不会赞同。在这方面，为人父母的感情甚至更为强烈，但是为人父母的感情充其量也就是父母之间爱情的结果。我不想假称爱情的最高形式是常见的，但是我坚信最高形式的爱情所展现出的价值是其他任何东西都无法展现的，而且其本身具有一种怀疑主义所无法影响的价值，虽然没有能力实现最高形式的爱情的怀疑主义者会错误地把其无能为力归因于他们的怀疑主义。

真爱是持久的火，
永远在心中燃烧，
永不生病，永不死亡，永不冷去，
自己永不变

接下来，我要讨论克鲁奇先生对悲剧的看法。他认为，易卜生的《群鬼》(*Ghosts*) 要逊色于《李尔王》[①]，对此我完全赞同。“再强的表达力，再高的语言天赋，也无法把易卜生变成莎士比亚。莎士比亚创作他的作品的素材，即他对人的尊严的理解，他对人的激情的重要性的感觉，他对人生之丰富的看法，对易卜生而言都是完全不存在，也不可能存在的。对于与易卜生同时代的其他人而言，也是如此。在莎士比亚和易卜生之间的岁月中，上帝、人和自然都以某种形式衰落了，这不是因为当代艺术的现实主义信

① 《李尔王》是莎士比亚创作的戏剧，是其四大悲剧之一。——译者注

念引领我们去发现平凡人，而是因为正是导致现实主义艺术理论发展的进程的运转以某种方式强使我们接受了人生的平凡。而这现实主义艺术理论被我们用来为我们的看法辩护。”无疑，旧式的那种描写君主及其悲伤的悲剧已经不再适合我们这个时代，而当我们用同样的方式来描写平凡人的悲伤时，效果也不一样。但是，造成这结果的原因并不是我们人生观变差了，而是恰恰相反。过去我们把某些人看作是世上的伟人，拥有悲情的权利，而所有其他人无足轻重的苦干只是为了烘托这些人的伟大。现在我们不再这么认为，这就是原因。莎士比亚说：

> 乞丐死了的时候，不会看到彗星；
> 君主们的死亡，天空才会发出亮光。

在莎士比亚的时代，这种看法即使不确实为人所信仰，至少也表现了一种实际上通行的、为莎士比亚本人所完全接受的观念。所以，诗人辛那（Cinna）之死是喜剧的，而凯撒、布鲁图斯（Brutus）和卡西乌斯（Cassius）之死是悲剧的。对我们来说，个人的死亡已经不再有宇宙上的意义，因为无论是在外在的形式上，还是在内心深处的信仰上，我们都已经变得有民主精神。所以，在今日水准高的悲剧必须要关注团体而非个人。我想举个例子，就是恩斯特·托勒（Ernst Toller）① 的《群众和人》（*Massemensch*）②。我并不认为这部作品是在过去最好的时代里创作的最好的作品，但是我确实认为这部作品适合拿来作比较。这

① 恩斯特·托勒（1893—1939），德国剧作家。——译者注
② 由 Vera Meynell 翻译为英文，英文书名为“Masses and Man”。——原书注

部作品高尚，深刻而现实，关注英勇的行为。亚里士多德认为悲剧应该“凭借怜悯与恐惧来净化读者”，这部作品也做到了。在当代类型的悲剧中这样的例子还很少，因为这部作品在抛弃旧的技艺和传统的同时，没有代之以纯粹的操练过的陈词滥调。一个人要写悲剧，就必须感受悲剧。一个人要感受悲剧，就必须不仅用心而且用血和肉去认识他身处的世界。克鲁奇先生在他的整本书中不时地谈到绝望，读者会为他英勇地接受一个无望的世界所触动，但是，这种无望是由于他和大多数文人还没有学会感受旧的情感来回应新的刺激。新的刺激存在，但不是在文学圈中。文学圈对社会生活缺少必要的接触。而如果人的情感要严肃而深刻的话，这种接触是必需的。悲剧和真正的幸福就来自这种严肃而深刻的情感。对于那些总是恍惚觉得世界上无事可做的有才干的年轻人，我想说：“放弃写作，别去写作。去闯荡世界，做一名海盗，做婆罗洲（Borneo）的一个王，做苏维埃俄国的一名劳动者，给自己找一种为了满足基本生理需求就会耗费你全部精力的生活方式。”我并不向所有人推荐这种行为方式，而只是向那些身患克鲁奇先生所诊断出的那种疾病的人们推荐。我相信，以这样的生活方式生活几年之后，这位从前的知识分子会发现自己虽然尽力忍但还是忍不住要写作，而当这样的时刻到来时，他不会觉得自己的写作是徒劳的。

第三章　竞争

如果你在美国问任何一个人或者在英国问任何一个商人，是什么对他享受生活造成了最大的妨碍，他会回答：“生存斗争。”他这样回答完全是出于真心，他相信正是如此。从某种意义上来说，也确实如此。但是，从另一种非常重要的意义上来说，这个回答完全错了。当然，生存斗争这样的事确实会发生。如果我们不那么幸运的话，我们中的任何人都可能遇到。例如，康拉德（Conrad）笔下的男主人公福尔克（Falk）就遇到了，他在一艘破旧的船上，在所有船员中只有他和另外一名船员有火器，船上没有吃的，只能吃其他人。当船上带有火器的两个人共同一致把其他人吃完之后，真正的生存斗争开始了。福尔克胜了，但此后成为一名素食主义者。然而这并不是商人在说“生存斗争”时所表达的意思。为了赋予本质上不重要的东西以庄严，商人想到了用这个不准确的词语。试问他所认识的和他一样生活阶层的人当中有多少是死于饥饿？试问当他的朋友破产之后遭遇了什么？每个人都知道，就物质舒适度而言，一个商人在破产之后还是要好过一个从未富裕到有机会遭遇破产的人。所以，他们所说的生存斗争实际上的意思是为了成功而竞争。他们在这种竞争中所害怕的并不是明天早晨没有饭吃，而是无法胜过身边的人。

他们并非被一种无可逃脱的机制裹挟，他们一直做着枯燥无味的工作，仅仅是因为他们没有注意到这工作本身无法让他们上升到更高的等级。但非常奇怪的是，能够意识到这一点的人少之又少。当然，我现在要考虑的是拥有更高商业地位的人，他们已有良好的收入。如果他们愿意的话，他们靠已有的财产足以生活。但这么做对他们而言似乎是一种耻辱，如同大敌当前临阵脱逃一般。尽管被问到自己的工作对公共事业有何贡献时，他们会茫然无措地以生活要努力上进之类的老生常谈匆匆作答。

试想一下这样一个人的生活。我们假设他有好房子、好妻子、好孩子。一大早，妻子孩子还在睡觉的时候，他就起床匆匆赶往办公室。展现一个优秀管理者的品质是他的职责，他养成了紧绷的下巴、果断的讲话方式、机智内敛的神态，旨在让除勤杂工以外的人对他产生敬仰。他阅读信函，通过电话与重要人物交流，研究市场，和那些即将、已经或将来有希望建立业务往来的人共进午餐。下午他做着同样的事。他拖着疲惫的身躯回家，紧接着就是更衣赴宴。晚宴上，他和其他一些疲惫的男人不得不假装很享受女士们的陪伴，而这些女士们精神正好，还没有机会像男人那样疲惫不堪。无法预见还要熬过几个小时，这个可怜的男人才能逃离。最终他回去睡下，紧张的神经得以放松几个小时。

这样的男人在工作生涯中有着百码赛跑的心理状态，但他所从事的这场赛跑的唯一终点是坟墓。对于百码赛跑而言，有他这样的专注度是适当的，但对他所从事的工作而言，他的专注度最终变得有些过度了。他对他的孩子有多少了解呢？工作日他在办公室，周日他在高尔夫球场。他对他的妻子有多少了解呢？早晨他离开她的时候，她还睡着。整个晚上，他和她都投身于社交职责，无暇私语。虽然他假装对一些人表示亲切以求对方能感受到这种亲切，但他大概没什么重要的男性朋友。书籍似乎对他是无用的，音乐又似乎对他太过高雅。春华秋实，他只把它们看作市场的影响因素。他大概去过外国，但却是用极度厌倦的眼睛去观察的。年复一年，他变得越来越孤独。他的关注度越来越集中，工作以外的生活越来越枯竭。我在欧洲见过这类中老年的美国男人。他与妻子、女儿们在一起。显然，他的妻子和女儿们说服了这个可怜的家伙：是时候休个假，给女儿们一个游历旧世界的机会了。兴奋的母女围绕着他，让他关注那些有特色并打动她们的新鲜事物。极度疲劳、极度厌倦的家长正想着此刻办公室里、棒球场上发生着什么。他的女人们最终放弃了他，并得出男人是庸人的结论。她们不会明白他是她们贪婪的牺牲品。这么说确实就像欧洲的旁观者对印度教中殉夫的看法一样并不完全准确。大概印度教寡妇中十个里有九个是自愿的殉夫者，愿意为了荣誉而被烧死，因为她的信仰是如此要求的。商人的信仰和荣誉要求他赚大量的钱，所以，就像印度教的寡妇，他乐意忍受折磨。如果美国的商人要变得更加幸福，他必须首先改变他的信仰。只要他仍然不仅渴望成功，而且全心全意地认为追求成功是男人的职责，不如此做的男人就是个可怜的家伙，那么他的生活就会保持在过于专注和过于焦虑的状态，以至于无法过得幸福。说一个简单的事情，比如投资。在有风险的收益为百分之八的投资和安全的收益为百分之四的投资之间，几乎所有美国人都会选择前者。结果就是频繁亏钱、持续担心与焦虑不安。对我来说，我期望的赚钱方式是从容不迫地、安全地赚钱。但是，典型的现代人所期望得到的是更多的钱，目的在于炫耀、奢华和显得比仍处于同等地位的人更为出色。在美国，社会等级是不固定的，持续地流动着。结果是，势利的情绪要比社会阶层固化的社会来得更永无休止，因此虽然金钱本身不足以让人显赫，但没有金钱则人很难显赫。再者，人们拿赚到的钱来衡量智力。赚到很多钱的人是聪明的，没有赚到的是不聪明的。没有人喜欢自己被认为是个傻瓜。所以，当市场情况很难处理时，一个人的感觉就像年轻人在考试时的感觉一样。

我想应当承认，发自内心的对破产后果的恐惧尽管是非理性的，但它确实常常导致商人们的焦虑。无论阿诺德·本涅特（Arnold Bennett）笔下的克莱汉格（Clayhanger）变得如何富有，他总是担心会死在劳动济贫所。我毫不怀疑孩提时深受贫穷之苦的人唯恐他们自己的孩子遭受同样的苦，这种恐惧会时常萦绕在他们的心头，他们感到几乎不可能积累足够的财富来作为抵御灾祸的保障。这种恐惧在第一代身上大概是必然发生的，但是这种恐惧不大可能去折磨那些从来没有经历过深度贫困的人。不管怎样，对贫穷的恐惧在商人的焦虑中是次要的、多少有点例外的因素。

这个问题的根源在于太过强调把竞争中的成功作为幸福的主要源泉。我并不否认成功感会让享受生活变得更为从容。我们就拿画家来说，一个年轻时一直默默无名的画家，如果他的才能得到了承认，他多半能变得更加幸福。我也不否认，在一定程度上，金钱非常能够增进幸福。但是如果超过了特定的程度，我不认为金钱还能增进幸福。我所坚持的是，成功只是幸福的一个组成部分，如果牺牲幸福的所有其他组成部分来获得成功，那么成功的代价就太过高昂了。

这个问题源自商业圈流行的生活哲学。在欧洲，的确还有商业圈以外的其他圈子享有声望。在一些国家，贵族圈很受尊重。所有国家中，博学的专业人士圈很受尊重。除了几个小国以外的所有国家的陆军、海军圈很受尊重。虽然的确无论一个人从事什么职业，在成功之中都有竞争的因素，然而与此同时，人们所尊敬的不仅仅是成功，还有带来这成功的优点，无论这优点是什么。一名科学家可能挣钱，也可能不挣钱，但他肯定不会因为挣钱而受到更多的尊重。没人会对一名杰出的陆军上将或者海军上将处于贫穷之中而感到惊讶，甚至在这种情况下，贫穷在某种意义上就是一种荣耀。出于这些原因，在欧洲，纯粹为了金钱的竞争限定在某些圈子内，而这些圈子也许并不是最有影响力或者最受尊重的。在美国情况就不同了。按他们的规范，国家公务人员在国家生活中发挥的作用太小，以至于没什么影响力。至于博学的专业人士，外行无法说清一名医生是否真的很懂医学或者一名律师是否真的很懂法律，所以根据他们的生活水平来推测他们的收入，再根据他们的收入来判断他们的才能会更为方便。至于教授，他们受商人的雇佣，因此他们受到的尊重要低于在历史更为悠久的国家里教授受到的尊重。所有这些情况的结果是，在美国，有专业才能的人模仿商人，因此不能像在欧洲那样形成一个独立的类型。所以，在美国，没有东西能缓和整个富裕阶层赤裸裸的、纯粹的对财务成功的竞争。

美国的男孩从年纪很轻的时候开始就认为挣钱是唯一重要的事情，不希望受到任何不具有金钱价值的教育的打搅。教育过去通常被理解为主要用来培养享受乐趣的能力，我这里所说的乐趣意指那种更为精致的，对完全没有接受过培养的人来说是无法领会的乐趣。在18世纪，对文学、绘画和音乐都能有着颇具鉴赏力的乐趣是“绅士”的标志之一。现今我们可能不赞同他们的品味，但他们的品味至少是真诚的。如今的有钱人则往往是完全不同的类型。他从不读书。如果他为了提高声望而开设一个画廊，选画之事都仰仗专家，他从中得到的乐趣不是看画的乐趣，而是让其他有钱人无法拥有这些画作的乐趣。至于音乐，如果他碰巧是犹太人，他可能会是发自内心的欣赏；如果他不是犹太人，那么就会与其他艺术一样，是不具备相关教养的。所有这些情况的后果是，他不知道该如何度过闲暇。随着他越来越富有，挣钱越来越容易，直到最后，他一天中五分钟所挣的钱都想不到办法花完。于是作为成功的后果，这个可怜的人待在那里无所事事。只要成功本身被当作生活的目的，这种情况就是无可避免的。除非教会一个人在取得成功后如何面对成功，否则成功将无可避免地让他遭受无聊的折磨。

竞争性的思维定式，多半会侵入本不属于它的领域。以阅读为例。读一本书有两种动机：一种是你享受这本书，另一种是你能够吹嘘你读过这本书。在美国，女士们每个月读几本书或者似乎读了几本书已成时尚。有些书全读完，有些书只读了第一章，有些书读的是书评，但所有这些书都摆在她们的桌头。然而，她们不读任何经典。读书俱乐部从没在哪个月推荐过《哈姆雷特》或者《李尔王》，也从没有在哪个月提示她们需要知道一下但丁。

结果，所读的完全就是平庸的时髦作品，绝无经典。这也是竞争的后果，也许这后果并非全然负面。因为这些女士中的大多数，如果让她们自己挑选，非但不会挑选经典，甚至会挑选比她们的文学精神导师推荐的更为糟糕的图书。

在现代生活中，对竞争的强调与文明标准的普遍衰败有关，就像奥古斯都时代之后罗马所必然发生的那样。男人们与女人们似乎变得不会享受更为智识的乐趣。例如，在 18 世纪法国沙龙里达到极致的漫谈技艺在 40 年前仍是尚存的传统。这是一项非常精致的技艺，为了一些稍纵即逝的东西调动那些最高级的官能。但在我们这个时代，谁还如此闲适地关注事物呢？在中国，10 年前这项技艺仍完美地活跃着，但我估计民族主义者传教士般的热情已经把它完全扫除了。50 年前或 100 年前受过教育的人普遍具备良好的文学知识，但现在只有少数教授才具备。所有更为悠然恬静的乐趣都已被放弃。曾有几位美国学生在春天时陪我一起散步，走过校园边上的树林，那里到处是美丽的野花，但我的向导中没有一个人知道哪怕任何一种野花的名字。这种知识又有什么用呢？它不能增加任何人的收入。

这个问题不是简单地取决于个人，个人也无法在自己的个例中阻止它。这个问题源于那种已广为接受的人生哲学。这种人生哲学把生活理解成竞赛、竞争，因此只把尊重留给胜利者。这种观念，以感官和智力的培养不足为代价而过度培养意志力。或者说我们是把因果倒置了。清教徒的道德家在现代总是强调意志力，虽然最初他们看重的是信仰。也许清教主义的时代产生了一个人种，他们的意志力过度发展，而感官和智力缺乏，因此这个人种采纳了竞争哲学作为最适合其天性的哲学。但是，也许这些现代恐龙的巨大成功正在导致他们被普遍地模仿。这些现代恐龙和他们的史前原型一样，偏爱力量而非智慧。他们已经成为各地白人的典范，在接下来的一百年中这种情况可能还会加剧。但是，那些不在这股潮流中的人们在想到恐龙最终并未胜利时应会感到宽慰，恐龙间相互厮杀，而有智慧的旁观者继承了其王国。我们的现代恐龙也在杀死他们自己。平均而言，他们每桩婚姻的子女数量不足两人。他们从生活中得到的乐趣不足以让他们有生儿育女的意愿。在这一点上，他们的清教徒祖先延续给他们的过于顽强的哲学本身显得不适应这个世界。这种人生观导致幸福感稀缺，而不具有生育意愿的人在生物学上是注定要毁灭的。不久之后，他们必将为更为欢乐愉快的人所替代。

把竞争当作人生中的主要之事是太过冷酷、太过顽强了。这会让身体和精神过于紧张，以至于最多一两代人可能将其作为人生的基石。如果超过一两代人，必将导致神经疲劳，出现各种各样的避世倾向，甚至追求享乐变得像工作一样紧张和困难（既然放松已经变得不可能），最终因拒绝生育繁衍而消亡。受竞争哲学毒害的不仅仅是工作，闲暇也一样受其毒害。信奉竞争哲学的人对于安宁的、有助于缓解精神紧张的休闲形式感到厌烦无聊。毒品和累垮的身体注定会持续加速这一自然灭绝的过程。治愈的良方在于接受生活中理性而安静的那部分享乐，实现一种均衡的理想生活。

第四章　厌烦与兴奋

在我看来，厌烦作为人类行为的一个要素，我们对它的关注还远远不够。我认为，在整个历史时代中，厌烦一直是最伟大的驱动力之一，而且在今日更胜以往。厌烦似乎是一种人类所特有的情绪。的确，动物被关起来时无精打采，走来走去，打打哈欠，但在自然状态下，我不认为它们会体会到任何类似于厌烦的东西。大部分时间里，它们密切留意的，或者是敌人，或者是食物，或者是两者兼而有之。有时它们交配，有时它们设法取暖。但是即便当它们不开心时，我也不认为它们会厌烦。可能就像其他很多方面一样，在这方面类人猿也许会像我们，但是由于没有和它们一起生活过，所以我没有机会做这方面的实验。使厌烦产生的要素之一是现有环境和其他更为惬意的环境之间的对比，他们因此会不可抑制地产生想象。使厌烦产生的又一个要素是感官已经无法全神贯注。我想，为了活命而逃避敌人是很不舒服的，但是肯定不是令人厌烦的。一个人在被处决的时候也不会觉得厌烦，除非他有几乎超人的勇气。类似地，还没有人在英国上议院做首场演讲时打哈欠的。已故的德文郡公爵（Duke of Devonshire）是个例外，结果他受到了上议院贵族们的敬重。厌烦本质上是一种受阻的希望，是希望某些事情发生而不得。这些事情不必是令人愉快的，只要它的发生能让无聊者觉得这一天与其他日子不一样就可以。总而言之，厌烦的反义词不是快乐，而是兴奋。

人类尤其是雄性对于兴奋的渴望非常根深蒂固。我认为，人类对于兴奋的渴望在狩猎时代比之后的时代要更容易得到满足。追逐令人兴奋，对抗令人兴奋，求偶令人兴奋。野人会试图与丈夫睡在一旁的女人通奸，而且野人明知如果丈夫醒来的话，自己必死无疑。我想这种情景一定不会让人心生厌烦。但是随着农业的来临，生活变得沉闷。当然，贵族除外。狩猎时代的那种令人兴奋的生活在贵族那里仍然保留了下来，直至今日。人们常常说到操作机器的单调乏味，但我认为按照旧式方法从事农业生产，其枯燥乏味程度至少是一样的。确实，与大多数博爱主义者所坚持的观点相反，我认为机器时代已经显著减少了全世界的厌烦总量。拿工资的人们在工作时间并不是一个人单独上班，到了晚上还能有各种娱乐活动，而这些娱乐活动在旧式乡村是不可能有的。再来考虑中产阶级中较底层的人们生活上的变化。在过去，晚餐过后，妻子和女儿们收拾干净，之后是所有人围坐一圈，开始所谓的“幸福的家庭时光”。这意味着一家之长开始睡觉，妻子做针线，女儿们则希望自己要么已经死了，要么生活在遥远的廷巴克图[①]。她们不被容许读书或是离开房间，因为理论上这是

① 廷巴克图（Timbuktu），系马里中部城市，在撒哈拉沙漠南缘，历史名城。——译者注

父亲和她们谈心的时间，这对所有的人应该是一种享受。如果她们最终有幸结婚，那么就有机会折磨自己的孩子，让孩子们在青少年时期过得和她们自己曾经历过的一样沉闷。如果没有这种幸运，她们慢慢成了老处女，也许最终成为衰败的淑女——这样的命运，和蛮族的献祭牺牲者的命运一样可怕。在评估一百年前的世界时，应该铭记在心的是人们所承受的这些厌烦的重压。而在更远的过去，厌烦的情况更为严重。设想一下，一个中世纪的村庄冬日生活的单调。人们无法阅读，也无法写作，在天黑之后他们只有蜡烛照明，只有一个生着火而充满了烟的房间不算太冷。道路实际上是无法通行的，所以很难看到从其他村庄来的人。猎女巫是让冬夜变得有生气的唯一一项运动。而厌烦一定是引发这项运动的很重要的原因。

我们的厌烦比前人要少，但我们比前人更害怕厌烦。我们现在已经知道，或者更确切地说是已经相信：厌烦不是人类天然生活状况的一部分，通过足够有活力地追求兴奋，厌烦是可以避免的。现在的女孩们挣钱养活自己很大程度上是因为这样可以在晚上去寻找兴奋而不必像她们的祖母、外祖母一样不得不忍受“幸福的家庭时光”。能住在城里的人都住在了城里。在美国，不能住城里的人就开小轿车或者至少是摩托车去电影院。当然他们每个人家里都有收音机。年轻男性和年轻女性彼此约会比以前容易得多。简·奥斯汀笔下的女主人公在整部小说中所遇到的兴奋之事，每个现代女佣一周至少能遇见一次。随着社会阶层的上升，对兴奋的追求就越来越强烈。那些负担得起的人不断从一个地方跑到另一个地方，与之相伴的是寻找快乐、跳舞、喝酒。而出于某种原因，他们总是更希望去新的、没去过的地方去做这些事。那些不得不靠工作谋生的人不可避免地会在工作时间有些厌烦，但是那些有足够钱而不需要工作的人则把完全摆脱掉厌烦的生活作为理想。这是一个高贵的理想，我也绝不会去谴责这个理想，但恐怕就像其他理想一样，实现这个理想要比理想主义者料想的更为困难。毕竟，前一天的晚上有多有趣，相较而言，第二天的早晨就有多厌烦。特别是，未来还要面对自己的中年，甚至老年。人们在 20 岁的时候认为 30 岁之后人生就结束了。我虽然已经 58 岁了，但已不再持有这观点。也许，像使用金融资产一样使用自己的生命资产是不明智的。也许，厌烦的某些部分是人生中必要的组成部分。有摆脱厌烦的欲望是自然的，确实，一旦有机会出现，所有种族的人都展现了这种欲望。当野人第一次品尝了白人递给他们的酒之后，他们发现终于摆脱了由来已久的单调乏味，结果是，在政府作出干预之前，他们自己狂饮致死。战争、大屠杀和迫害都是逃离厌烦的一部分，我们甚至会发现和邻居吵架都会好过没有任何事发生。所以，对伦理学家而言，厌烦是一个涉及生命的问题，因为人类至少有一半的罪都是由对厌烦的恐惧造成的。

但是，厌烦也不能被当作完全的坏事。厌烦可以分为两种，一种是会带来成果的，而另一种则是让人变得迟钝的。会带来成果的那种厌烦是由不使用毒品引起的，而让人变得迟钝的那种厌烦则是由缺少充满活力的行动引起的。我不认为毒品在生活的任何方面都不会发挥好的作用。例如，有时候一个明智的医生会开具鸦片制剂的处方，而且我想这种情况比倡导全面禁止鸦片的人所料想的要多。但是对毒品的渴望无疑不是一种可以不受约束的自然冲动。我认为，只有时间才能治愈一个习惯于吸毒的人在不能吸毒时所体验到的厌烦。如果加上一点限定的话，对毒品所适用的也同样适用于其他种类的兴奋。过于充满兴奋的生活是精疲力竭的生活，这种生活需要不断增强的刺激来产生兴奋，而兴奋被当作是快乐的必要组成部分。一个习惯于兴奋的人就像一个想吃胡椒到病态程度的人，最终对其他人而言吃了要呛着的胡椒量，对他而言吃了还嫌不够。厌烦在一定程度上与避免过度的兴奋是不可分离的。兴奋不仅有损健康，而且通过用煽情来代替深刻的感官满足，用机灵来代替智慧，用参差不齐的突兀来代替美，兴奋也让各种快乐的感觉变得迟钝。一定量的兴奋是有益的，但是就像其他几乎所有的事情一样，问题就在于量。兴奋太少会产生病态的渴望，而兴奋太多会让人精疲力竭。所以，具有一定忍受厌烦的能力对于幸福生活而言是必要的，也是应该教会年轻人的事情之一。

所有伟大的书籍都有令人厌烦的部分，所有伟大的人生都有无趣的阶段。设想一下一个当代的美国出版商第一次面对提交给他的新的《旧约》手稿的情形。不难想象他的评论，例如，关于系谱，他会说："尊敬的先生，这章缺少活力，你不能期望读者对单纯的一串人名感兴趣，你对这些人的介绍太少了。我承认，你写的故事起头风格很精致，一开始我非常喜欢，但你在整体上太想把所有的都讲清楚了。把精彩部分挑出来，去掉不必要的部分，把稿子压缩到合理的长度之后你再来找我吧。"当代的出版商在知道当代读者对于厌烦的惧怕后就会这么说。对于儒家的经典著作、马克思的《资本论》，以及其他所有值得崇敬的、经检验畅销的书籍，他都会说同样类型的话。这不仅仅适用于值得崇敬的书籍。所有最好的小说都有沉闷的段落。从头至尾全是亮点的小说几乎可以肯定不是一部优秀的作品。伟人们的人生除了少数伟大的时刻外也并不令人兴奋。苏格拉底会时不时地享受一下宴会之乐。而毒芹发作之时，他也正从谈话中获得巨大的满足感。但终其一生，他的大部分时光都是和妻子赞西佩一起平静度过的，下午时散散步，也许顺路碰到几个朋友。据说康德终其一生都未曾离开柯尼斯堡超过十英里。在游历全世界之后，达尔文人生中剩下的全部时间都是在自己的房子里度过的。马克思在激起几起革命之后决定在大英博物馆度过余生。总的说来，过安静的生活是伟人的特点，他们的快乐也不是外人看来令人兴奋的那种。取得伟大的成就必定要坚持不懈的工作，这工作的专注和困难使得伟人们剩不下什么精力来进行更为费力的娱乐，除非是在假日里为了恢复体力，最佳的例子就是攀登阿尔卑斯山。

忍受或多或少单调的能力应该是一个人在孩提时代学到的。当代的父母在这方面要大受责备，他们为他们的孩子提供了太多的消极娱乐，例如电影和好吃的东西，他们没有意识到让孩子过日复一日相同日子的重要性，当然在一些难得的时候除外。孩提时代的快乐应该主要是让孩子通过一些努力和创造从其所处的环境中获得的那种快乐。令人兴奋同时又不涉及身体努力的快乐，例如戏院看戏，应该要非常少。这种兴奋本质上是一种毒品，你对它的需求会越来越多，而在兴奋期间身体的消极性与人的天性又是相悖的。一个孩子的生长就像一棵植物的生长，你让他不受打扰地待在土壤里是最好的。对年轻人来说，太多的旅行、给他们太多各种各样的印象是不好的，这会导致他们在长大后变得无法忍受益处颇多的单调。我的意思不是说单调本身有什么优点，我的意思只是说除非有一定程度的单调，否则有些好的事情是不可能的。就拿华兹华斯的《前奏曲》来说。每一位读者都清楚，一名世故的城市年轻人不可能体会到华兹华斯思想和情感中的任何价值。如果一名有着某些建设性目标的男孩或者年轻人发现必须忍受大量的厌烦才可能达到目标的话，他将会自愿忍受。但是如果一个男孩生活在分散注意力的和放荡的环境之中，这个男孩心中并不容易产生建设性目标，因为在这种情况下，他的思想总是被导向下一个快乐之事，而不是遥远的成就。出于这些原因，无法忍受厌烦的一代将会是平庸的一代，与自然的缓慢进程严重脱节的一代，就像花瓶里已被剪下的花朵一般每一个生命的冲动缓慢衰弱的一代。

我不喜欢神秘的语言，然而如果不使用听上去诗意的语言而去使用科学的语言的话，我几乎不知道该如何表达我的意思。无论我们要怎么想，我们是大自然的产物，我们的生活是大自然生活的一部分，就像植物和动物一样，我们从大自然中汲取养分。大自然的节奏是缓慢的，春夏秋冬都一样必要，动静也一样必要。与自然生活的消长保持某种接触对于孩子而言是必需的，其必需的程度甚至超过成人。经过世世代代人体已经适应了这种节奏，这在宗教中的复活节节庆里得到了一些体现。我看到过一个两岁的男孩，之前一直养在伦敦，第一次被带出来到绿色的乡下散步。那是冬季，到处潮湿泥泞。在大人眼里没有什么可高兴的东西，但是在这男孩眼里涌现出奇怪的狂喜，他跪在潮湿的地上，把自己的脸贴在草上，口齿不清的喊叫表达着快乐。他所体验到的喜悦是原始的、简单的和非常强烈的。由此而得到满足的官能的需求是巨大的，那些无法得到满足的人很少有完全精神健全的。许多快乐之中没有与大自然接触的成分，赌博就是很好的例子。这种快乐一旦停止，人就会觉得枯燥无味，感到不满，不知道他自己在渴望什么。这种快乐无法带来那种可被称为“喜悦”的东西。另一方面，那些让我们与大自然接触的事情中有让我们深度满足的某些东西，当它们停止的时候，它们带给我们的幸福仍然还在，虽然它们存在时的强度比那些更为令人兴奋的放荡之事要低。我现在想到的差别跨越了从最天真到最文明的整个范围。我刚说到的两岁大的男孩展现了一种最为原始的与大自然生活相结合的可能。但在更高的形式上，在诗歌中可以找到同样的事情。莎士比亚的诗歌中充满着与这个两岁男孩拥抱草地一样的喜悦，这让他的诗歌成为最好的诗歌。想一下“听，听！云雀！”或者“来吧，来到黄沙的海滨”，你会发现在这些诗歌中以文明的形式表达了与在两岁男孩口齿不清的喊叫中所发现的情感一样的情感。接下来再来考虑一下爱和存粹的性吸引之间的区别。爱是一种让我们整个人得到更新和恢复的体验，就像植物久旱逢甘霖一样。没有爱的性行为则不是这么回事。当片刻的欢愉过后，剩下的是疲惫、厌恶和一种人生空洞的感觉。爱是大自然生活的一部分，没有爱的性行为则不是。

专门折磨着当代城市人的那种厌烦与他们和大自然生活之间的脱节有着密切的关系。这种脱节让生活变得焦躁、灰暗、干渴，就像在沙漠中的朝圣之旅。在足够有钱到可以选择自己生活方式的人中间，折磨他们的特别形式的厌烦是由他们对于厌烦的恐惧引起的，这听起来像个悖论。在逃离那种能带来益处的厌烦的同时，他们落入了另一种更为糟糕的厌烦之中。幸福的生活在很大程度上一定是安静的生活，因为只有在安静的氛围中真正的喜悦才能存在。

第五章　疲惫

疲惫有很多种类，其中有些种类对幸福所造成的障碍要比另一些来得大。如果不过度的话，单纯的身体疲惫往往更可能是幸福的原因，它会带来良好的睡眠和食欲，让人对假日里可能有的娱乐产生兴致。但如果过度的话，它就成为很大的坏事。除了最为先进的社会，世界上其他所有地方的农妇在 30 岁的时候已经衰老了，她们被长期艰苦的劳作耗尽了。工业化早期的儿童在成长过程中因过度工作而影响发育，还经常夭折。这样的事情现在仍在工业化刚刚开始的中国和日本发生，在某种程度上也仍在美国南部的州发生。超过一定程度的身体劳作是残暴的酷刑，甚至经常会让生活变得几乎无法忍受。但是，在当今世界大部分先进的地方，通过改善工业环境，身体的疲惫已经大幅减少了。现今，在先进的社会，最为严重的疲惫种类是神经的疲劳。奇怪的是，这类疲劳在富人中最为明显，而且这类疲劳往往在工薪阶层中要比在商人或者脑力劳动者中要轻许多。

在当代生活中，要从神经的疲劳中解脱出来是一件非常困难的事情。首先，在所有的上班时间，甚至还要加上上下班的路上，城市的工作者暴露在噪音之中，的确城市的工作者已经学会有意识地不听其中的大部分，但是由于潜意识特别要作出不要去听的努力，这噪音依然让人精疲力竭。另一个我们没有认识到的导致疲惫的原因是不断有陌生人出现。和其他动物一样，人有研究同物种中的陌生者的天性，目的在于决定以友好的方式或是敌对的方式对待对方。在高峰时间搭乘地铁的人们抑制了这种天性，抑制这种天性的后果就是他们对于非自愿接触到的所有陌生人都感到普遍的、没有特定原由的愤怒。还有，匆匆赶上早晨的列车，这就导致消化不良。然后，等到进了办公室，一天的工作就开始了，穿着黑色外套的工作者已经神经紧张，把人类看作讨厌的东西了。雇主到办公室的时候也是同样的情绪，到了之后也不会做什么能让雇员神经紧张消失的事情。出于对解雇的恐惧不得不行事恭敬，但这种做作的行为只会增加神经的紧张。如果允许雇员每周一次拽雇主的鼻子或者用其他方式表达他们对雇主的想法的话，雇员的神经紧张可以得到缓解，但对于也有着自己的烦恼的雇主，这就无济于事了。对雇员而言，害怕的是被解雇，而对雇主而言，害怕的是破产。的确，有些雇主已经做得足够大而不用再担心破产，但是要达到这么好的处境他们一般都已经过了多年的紧张的奋斗，在此期间他们不得不去积极地发现世界上所有地方的事情并持续地阻挠竞争对手的诡计。所有这些状态的后果是，当一个人取得坚实的成功时神经已经受到严重损害，已经习惯于焦虑以至于在已经无需焦虑时仍然摆脱不了。的确，还有富人的儿子们，但他们一般都会给自己制造焦虑，这焦虑就和好像他们没出生在富人家庭所受的焦虑一样。由于赌博，他们引起父亲的不满。由于为了娱乐而减少睡眠，他们的体格变得虚弱。当他们安静下来的时候，他们就像父辈一样无法感到幸福。无论出于自愿还是不自愿，无论出于选择还是必需，大多数当代人过着神经焦虑的生活，持续地过于疲惫以至于没有酒精的帮助就无法快乐。

现在把这些不明智的富人放一边，来考虑更为普通的那些为了生活而紧张工作的人，他们的疲惫与紧张工作有关。在很大程度上，这种情况下的疲惫是由忧虑引起的，而这忧虑可以由更好的人生哲学和头脑更多一点纪律来加以预防。大多数男人和女人非常缺乏对他们自己心思的控制。我这么说的意思是，当他们对令他们忧虑的事情无计可施时，他们也无法停止思考这些事情。男人在回床睡觉时还在忧虑工作上的事情，他们本应在这晚上的时间恢复体力以处理明天的问题，但在他们的头脑中却正一遍遍地闪过此刻他们无计可施的问题，这并不是以某种方式为明天的行为提供良好的方案，而是带着忧虑默想的失眠症患者所特有的半精神失常。午夜的疯狂到了早晨还留下一些，影响他们的判断，让他们的脾气变坏，对每一个障碍极为生气。明智的人在思考他的问题时都有他的目的，也只会在有目的时候才会去思考他的问题。在其他时间他思考其他事情。在晚上，他什么都不思考。我的意思并不是说，当一个人面对大危机，例如破产已经迫在眉睫或者一个男人有理由怀疑他妻子正在欺骗他时，这个人在对此无计可施时能做到不去想这些问题，但对少数头脑特别有纪律的人除外。但是在平常的日子里不去考虑一些平常的问题是完全可能的，除非是在这些问题必须得到处理的时候。这有多好啊，通过培养一个有序的头脑，在合适的时候充分地思考一个问题，而不是在所有时候不充分地思考，幸福和效率都得到了提升。当一个困难的或者令人担忧的决定必须要作出时，一旦获得所有资料后，你给出自己关于此事最好的想法并作出你的决定。一旦决定作出之后，不要再去改动它，除非你知道了一些新的事实情况。没有事情像犹豫不决那样让人精疲力竭，没有事情像犹豫不决那样无用。

通过认识到所焦虑的事情的不重要性，大量的焦虑可以得到消减。就我而言，我做过很多公开演讲，起初每个听众都让我感到害怕，神经紧张让我讲得非常糟糕。我太害怕这折磨了，以至于在我不得不做演讲前都希望自己能摔断腿，而当演讲结束时我已经被神经紧张弄得精疲力竭。渐渐地，我教会自己觉得讲得好坏并不重要，不管怎样宇宙还是那样。我发现，我越是不在意自己讲得好坏，我越是讲得好，渐渐地神经的紧张减少到几乎没有的地步。大量的神经的疲惫可以用这种方法来应对。我们所做的事情没有我们所以为的那么重要，归根结底，我们的成败并不很重要。即便有巨大的悲伤我们也能挺过来，似乎会终结人生幸福的问题随着时间的流逝也会消逝直到我们几乎不能记起它们曾带来的辛酸。但在这些以自我为中心的考虑之外，还应考虑的是一个人的自我在这个世界上不是很重要的部分。一个能将自己的思考和希望集中于一些超越他自身的人一定能在遇到普通的生活问题时找到平静，而这对于纯粹的自我主义者而言是不可能的。

可被称为神经卫生的事物至今被研究得太少了。的确，工业心理学对疲惫已作了细致的研究，并运用详细的统计证实如果做一件事情达到足够长的时间，最终就会相当疲倦——就算没有那么多科学的展示，这结果猜也能猜到。心理学家对疲惫的研究主要关注的是肌肉的疲惫，虽然也有一些研究是针对学校里儿童的疲惫进行的。但是，所有这些研究都没有触及重要的问题。在当代生活中，重要类型的疲惫总是情绪上的疲惫，单纯的脑力疲惫，就像单纯的肌肉疲惫，通过睡眠就能自己恢复。做大量脑力劳动而且不调动情绪的人，例如做细致的计算的人，在每天结束的时候通过睡眠就能从当天工作带来的疲惫中恢复过来。过度工作带来的坏处几乎从不是出于那种原因，而是某种类型的担忧或者焦虑。情绪上的疲惫所带来的麻烦在于它会影响休息。一个人越是疲惫就越是不可能停下来。接近神经崩溃的症状之一就是坚信自己的工作极其重要，一旦休假就将带来各种灾难。如果我是医生，我给任何认为自己工作重要的病人开的处方就是休假。神经崩溃似乎是由工作造成的，但事实上就我自己所看到的情况而言，是人们希望通过工作从某种情绪问题中解脱出来，而正是这种情绪问题造成神经崩溃。他不愿意放下他的工作，因为如果放下的话，他就不再有任何东西可以分散对灾祸的思索，不管这灾祸是什么。当然，这问题有可能是害怕破产，在这种情况下，他的工作和他的忧虑有直接地关联，但即便如此，只要他的判断受到蒙蔽而认为工作得越少破产越早，忧虑可能还是会导致他去工作。在任何情况下，造成崩溃的是情绪问题，而不是工作。

关于忧虑的心理学绝不简单。我已经讲起过精神纪律，即在合适的时间思考事情的习惯。这有其重要性，首先因为它为用更少的思索去完成一天的工作提供了可能，其次因为它为失眠提供了治愈的方法，最后因为它提高了作出决定的效率和智慧。但是这类方法没有触及潜意识和无意识，然而当问题很严重时，除非是穿透到意识层面之下的方法，其他方法是无用的。心理学家大量研究了无意识对意识的作用，但是很少研究意识对无意识的作用。然而正是后者在心理卫生领域具有巨大的重要性，如果理性的信念向来对无意识领域起作用的话，必须搞懂意识对无意识的作用。这特别适用于有关忧虑的问题。尽管一个人很容易让自己相信，即便不幸发生了也没那么可怕，但是只要这是停留在意识层面的信念，它就不会在夜不能寐时发挥作用或者阻止做噩梦。我个人认为，如果在意识层面的思考中投入足够的精力和强度，意识层面的思考可以植入无意识之中。大多数无意识是由曾经带有很强情绪在意识层面思考过，而现在又被遮蔽的事物所组成的。故意去做这遮蔽的过程是可能的，所以用这种方法可以用无意识去做大量有益的工作。例如，我发现，如果我必须去写一些特别难的题目，最佳的方案是用非常强的思考强度——我所能用的最强的思考强度——思考几个小时或者几天，在这时间结束的时候，可以这么说，下达命令，让工作在地下隐蔽地进行。过几个月之后当我再回到这个题目的时候会发现工作已经完成了。在我发现这个技巧之前，我在中间间隔的那几个月内常常忧虑，因为我没有做出进展，忧虑并不能让我早些得到答案而中间的那几个月浪费了，反之，我现在可以完全用中间的那几个月做别的事情。就应对焦虑而言，可以采用在许多方面相类似的过程。当受到某种不幸威胁时，严肃审慎地思考一下可能发生的最糟糕的情况。在直面这种可能的不幸之后，给自己找一些合理的理由认为这终究不是什么非常严重的灾难。这种理由总是有的，因为在最糟糕的情况下一个人所遭遇的不幸不会是极其重大的。当你冷静地看几次最糟糕的可能性并真正确信地对自己说："好吧，终究那也不会非常严重”之后，你的忧虑已经在很大程度上得到了减轻。也许需要重复这个过程几次，但到最后，当你在面对最糟糕的可能时不再逃避什么，你将发现你的忧虑完全消失了，取而代之的是一种愉快的心情。

这是避免恐惧的更为普遍的技巧的一部分。忧虑是恐惧的一种形式，而所有形式的恐惧都造成疲惫。一个人学会不感到恐惧的话，他会发现日常生活中的疲惫显著减少。不过，最有害的形式的恐惧是由于一些我们不愿意面对的危险所引起的。在一些并不固定的时刻，我们的头脑中会进入可怕的念头，这可怕的念头是什么则取决于个人，但几乎所有人都有某种潜在的恐惧。对有的人来说是癌症，对有的人来说是财务破产，对有的人来说是可耻的秘密被发现，对有的人来说是受猜忌的折磨，对有的人来说是在晚上因想到年轻时其他人告诉他的地狱之火的故事可能是真的而不安。很可能所有这些人都用错误的方法来应对这些恐惧，一旦他们的头脑中出现恐惧，他们就试图想些其他东西，他们用工作、娱乐或者其他事物来分散注意力。不过，不去正视的话，每一种恐惧都会变得更为糟糕。一个人转移所想之事的努力说明了这个人所回避的恐惧的严重性。对任何一种恐惧，恰当的处理方法是理性、冷静而专注地思考它，直到对它完全熟悉。最后熟悉会冲淡它的可怕，整个问题将变得令人生厌，我们就会转而不再去想它，但和之前有意努力不去想不同，现在是由于纯粹对这个问题缺乏兴趣而不去想。当你发现自己对任何事情有念念不忘的倾向时，无论这是什么事情，最佳的方案总是思考它，甚至比你本来思考的还多，直到最后它那可怕的吸引力逐渐减弱。

当代伦理中最有缺陷的问题之一就是恐惧的问题。的确，人们期望男人有身体上的勇气，尤其是在战争时，但是并不期望男人有其他形式的勇气，也不期望女人有任何形式的勇气。一名有勇气的女性如果希望有男性喜欢她的话必须把自己的勇气隐藏起来。一名男性在除了身体危险以外的其他方面有勇气的话，也会被认为是病态的。例如，对舆论的冷漠被当作是一种挑战，公众会尽其所能惩罚胆敢藐视其权威的人。所有这些都和应该的情况截然相反。所有形式的勇气，无论是男人的还是女人的，都应当像士兵在身体上的勇气一样得到钦佩。年轻男性普遍都有身体上的勇气证明了勇气可以因应舆论要求而产生。勇气越多，则忧虑越少，因此疲惫也越少，因为当前折磨男人和女人的神经的疲惫中很大部分是由于有意识的或者无意识的恐惧引起的。

疲惫往往源于喜欢兴奋。一个人如果能用他的闲暇来睡觉的话，他就可以保持健康，但是他在上班时太沉闷，他会感到在自由的时间里需要一些娱乐。问题在于，最容易获得的和表面上最有吸引力的娱乐大多是拖垮神经的。对兴奋的欲望超过一定的度是变态性格或者某种天性没有得到满足的表现。在一段幸福婚姻的早期，大多数男人不会觉得需要兴奋，但是在当代世界当婚姻在经济上负担得起时往往已经不得不推迟了太长时间，兴奋已经成为一种时间一长就无法抑制的习惯。如果舆论允许人们在没有当前婚姻所产生的经济负担的情况下在 21 岁结婚，很多人将不会陷入需要与工作一样令人疲惫的娱乐方式之中。但是，让这变得可能的建议被认为是不道德的，这从林赛（Lindsey）法官的命运中就能看出。林赛法官尽管已经度过漫长而受尊敬的职业生涯，但就因为一个严重的错误而遭受指责，他犯下这个严重的错误就是希望把年轻人从因年长者的顽固而遭受的不幸中拯救出来。但是，此处我不再就这个话题进行展开，因为这是和我们在下一章要讨论的“忌妒”有关的话题。

对于无法改变身处其中的法律和制度的个人而言，很难应对压制性的道德说教者们所创造并维持的环境。但是，认识到令人兴奋的娱乐并不通向幸福之路还是有价值的，虽然只要更为令人满足的欢乐仍然是无法得到的，人们就会发现除非借助兴奋否则几乎无法忍受生活。在这种环境下，一个慎重的人唯一可做的是限制自己进行令人疲惫的娱乐的量，而不是任由自己进行令人疲惫的娱乐以至于损害了健康或者影响了工作。治愈年轻人这些问题的根本之道在于改变公众的道德观。同时，年轻人最好想一下他最终将会结婚，而如果他以导致无法获得幸福婚姻的方式生活，他将是不明智的。而焦躁的神经和已经习得的无法享受更为温和的娱乐很容易导致无法获得幸福婚姻。

神经的疲劳的最糟糕的特征之一是它在一个人和外界之间起到了类似屏风的作用。外界的印象到他这里的时候可以说是被模糊和消音了，除了被其他人的小伎俩或者习性激怒的情况，他不再注意其他人。他无法从他的食物或者阳光中获得快乐，而往往高度关注小部分事务而对其他所有的事物漠不关心。这种情况使得他无法休息，而疲惫持续增加直到需要去就医的程度。所有这些归根结底都是对失去与大自然之间的接触的惩罚，在上一章中我们已经讲过与大自然的接触的问题。但是，很难看到在我们伟大的当代城市聚集的人中还保留了多少与大自然的接触。然而，在此我们再次发现我们已要触及大的社会问题了，而我无意在本书中讨论这些大的社会问题。

第六章　忌妒

除了忧虑之外，忌妒大概是导致不幸福的最强大的原因之一。我要说，忌妒是人最为普遍和根深蒂固的情感之一。这在不足一岁的儿童身上非常明显，每一位进行教导的人都应以最为细致的关注来处理。在两个儿童间大人最为轻微的表现出偏爱其中的一个也会立即被另一个看在眼里并怀恨在心。任何与不止一个儿童打交道的人必须遵守绝对的、固定的、持久的分配正义。但是儿童只是比成年人略露骨地表现出忌妒（envy）或是忌恨（jealousy）（一种特殊形式的忌妒）[①]。而这种情感的普遍程度在成年人中间和在儿童中间是完全一样的。以女仆为例，我记得在女仆中有一名已婚的怀孕了，我们说她就不要去提重物了，立即发生的结果是女仆中的其他人也没人去提重物了，所有这类需要干的活我们都不得不自己干了。忌妒是民主的基础。赫拉克利

① Envy 和 jealousy 两个词都可以被翻译成忌妒，但含义略有差别。envy 强调希望能得到其他人拥有的东西，有羡慕之义；jealousy 强调因其他人拥有自己所没有的东西而产生不快和愤怒。——译者注

特断言以弗所[①]的市民都应该被绞死，因为他们说："我们中间不应有人超过别人。"希腊各城邦的民主运动肯定几乎全都是受这种激情所激发。当代民主也是如此。的确，有一种理想主义的理论认为民主是政府最好的形式。我个人认为这理论是正确的。但是在理想主义的理论强到足以导致剧变的地方，实际政治不发挥作用。而当剧变发生时，赋予这剧变正当性的理论往往是激情的掩饰品。而这赋予各种民主理论驱动力的激情无疑就是忌妒这种激情。罗兰夫人常常被描绘成献身人民的贵族女性。然而读她的传记你会发现，是这样一次经历促使她成为如此热烈的民主主义者：她因故拜访一座贵族城堡，却被领进了仆役的房间。

在普通的体面女性中间，忌妒起着很大的作用。假设你正坐在地铁中，一名衣着考究的女人刚好沿着车厢走。观察一下其他女人的眼睛，你会发现除了可能有些穿着更为考究的以外，所有女人都用带着恶意的眼神看她，并努力作出有损她的推断。喜欢流言蜚语是这种普遍的恶意的表现，所有有损其他女人的传闻都会被立刻相信，即便只有最不足信的证据。高尚的道德起到了同样的作用，那些有机会违反它的人受到忌妒，而因为他们违反道德而惩罚他们被认为是合乎美德的。这种特殊形式的美德无疑是美德自身的回报。

但是，在男人中间也能看到完全同样的事情，只是女人把所有其他女人当作竞争者，而男人通常只会对相同职业的其他男人有这种感觉。读者你是否曾鲁莽地向一名艺术家称赞另一名艺术家？你是否曾向一名政治家称赞另一名政治家？你是否曾向一

① 古希腊小亚细亚西岸的一座重要贸易城市。——译者注

名埃及考古学家称赞另一名埃及考古学家？如果你做过，几乎可以肯定你已经制造了带着不快和愤怒的忌妒的大爆发。在莱布尼茨和惠更斯的通信中，他们多次对“牛顿已经变得精神失常”表达痛惜之情。他们相互写道：“无与伦比的天才牛顿先生因丧失理智而变得阴沉，这不令人悲哀吗？”在一封又一封信中，这两位杰出的男人显然津津有味地擦拭着鳄鱼的眼泪。事实上，让他俩小题大做的“精神失常”从未发生，牛顿只是有过一些古怪行为，以致引发谣言罢了。

在所有普通人的天性的所有特征中，忌妒是最为不幸的。忌妒的人希望让他人遭受不幸，他一旦能够这么做而且不受惩罚的话他就会这么做，不仅如此，他自己也因为忌妒他人而变得不幸福。他不是从自己拥有什么中获得欢乐，而是从他人拥有什么中获得痛苦。如果他能够的话，他会剥夺他人的有利条件，对他而言，这和确保他自己的有利条件一样令人向往。如果任由这种激情放纵的话，它将变得对所有的卓越，甚至是最有用的不同凡响的技能的实施，都是致命的。为什么一名医生坐着小轿车去看他的病人而工人只能走路去上班？为什么科学研究者可以在温暖的房间里干工作而其他人只能面对恶劣的天气？为什么一个拥有对世界具有重要性的某种罕见天赋的人可以不干他自己那繁重乏味的家务？对于这些问题，忌妒给不出答案。但是，幸运的是，在人的天性中有一种可以修正忌妒的激情，即钦佩的激情。任何希望增进人的幸福的人必须要增加钦佩而减少忌妒。

能够治愈忌妒的良方是什么？对于圣人而言，存在治愈自私的良方，但即便在圣人中间忌妒其他圣人也绝非不可能。我怀疑如果圣人西门·斯泰莱特得知某些其他圣人在一根更窄的柱子上待了更长时间的话，他是否会感到满心欢喜。但是，先不考虑圣人们，对于普通男人和女人而言，治愈忌妒的唯一良方是幸福，而困难之处在于忌妒本身对于幸福就是可怕的障碍。我认为，童年时的不幸会极大地助长忌妒。一名发现有兄弟姐妹比自己受偏爱的儿童会养成忌妒的习惯，当他走出家庭进入世界时，他会寻找他所遭受的不公。当对他的不公发生时，他立即会觉察到。当对他的不公没发生时，他也会去想象这些没发生的不公。这样的一个人不可避免地是不幸福的，并为他的朋友们所讨厌，因为他的朋友们无法一直记得去避免那想象中的轻视。起初他相信没人喜欢他，最终他用自己的行为让他相信的事成真。童年时另一种有着同样后果的不幸是，虽然有父母，但是没有常常得到父母的关爱。虽然没有其他受偏爱的兄弟姐妹，一名儿童可能会觉察到其他家庭的儿童得到的父母的爱要胜过自己。这会导致他憎恨其他儿童和自己的父母，当他长大之后，他会觉得自己像一个被遗弃的人。某些种类的幸福是每一个人天生的权利，如果被剥夺的话，几乎不可避免地会变得乖戾和充满怨恨。

但是忌妒的人也许会说："告诉我治愈忌妒的良方是幸福，这有什么好处？当我一直感到忌妒的时候，我无法找到幸福。而且你告诉我，在我找到幸福之前我无法停止忌妒。"但现实生活绝不如此讲究逻辑。仅仅认识到导致忌妒情感的原因已是迈向治愈忌妒的一大步。对比的思考习惯是非常重要的一个原因。当有任何令人快乐的事情发生时，应该充分地享有它。不要停下来去想，这事情没有其他人可能碰到的其他事情那样令人快乐。忌妒的人说："是的，这是阳光明媚的一天，而且还是春光，鸟儿在歌唱，花儿正绽放，但是我认为西西里的春光要漂亮一千倍，赫利孔[①]树林里的鸟儿歌唱得更加优美，沙仑的玫瑰花比我花园中的任何花都要可爱。”当他这么想时，阳光变得暗淡，鸟儿的歌唱变成没有意义的叽叽喳喳，花儿也显得不值得片刻的关注。他用同样的方法对待生活中其他所有喜悦。他会对自己说：“是的，我心中的女子是可爱的，我爱她，她也爱我，但是示巴女王该有多优美啊！啊，要是我有所罗门那么幸运就好了！”所有这种对比都是没有意义和愚蠢的。无论不满的原因是示巴女王还是隔壁邻居，这种对比都是一样无用的。对于明智的人，不会因为其他人拥有其他东西而使自己停止享受自己所拥有的东西。事实上，忌妒是一种部分道德上，部分智力上的恶习，有了这种恶习看事情时不看事情本身，而是看事情的关系。例如，我挣着一份足够我所需的薪水。我应该满意了，但是我听说某人挣着我双倍的薪水，而我又相信我绝不比此人逊色。如果我有着忌妒的性格的话，我从我所拥有的薪水中获得的满足感立即淡化了，我开始被不公的感觉吞噬。对所有这些，治愈良方是精神纪律，即习惯于不去思考无益的念头。归根结底，还有什么比幸福更让人忌妒的呢？如果我能够治愈自己的忌妒，我就能获得幸福并让人忌妒。拿着我双倍薪水的人则无疑被他自己头脑中想着有人拿着他双倍薪水而受折磨，这种情况就这样一直持续下去。如果你渴望荣耀，你也许会忌妒拿破仑。但是拿破仑忌妒凯撒，凯撒忌妒亚历山大，而至于亚历山大，我敢说他忌妒从未存在过的赫拉克勒斯[②]。因此，仅仅通过成功你无法从忌妒中摆脱出来，因为总会有历史上或者神话中的某人甚至比你还要成功。为了能从忌妒中摆

① 赫利孔（Helicon）是指希腊神话中文艺女神缪斯居住的地方。——译者注
② 赫拉克勒斯，古希腊神话中的英雄。——译者注

脱出来，你需要通过享受你自己面前的快乐，做你必须要做的工作，并避免与你想象的比你更为幸运的人做对比，而且你这想象也许完全是错误的。

不必要的谦虚和忌妒有很大的关系。谦虚被认为是一种美德，但我个人怀疑最为极端形式的谦虚是否配称为美德。谦虚的人需要大量的安慰，而且常常不敢尝试他们完全能够胜任的任务。谦虚的人认为他们平时经常联想到的人们比他们自己更为出色。所以，他们特别容易产生忌妒，并由于忌妒而导致不幸福和憎恨。就我而言，我有充足理由认为应把男孩培养成认为自己是足够好的。我不认为任何孔雀会忌妒其他孔雀的尾巴，因为每一只孔雀都相信它自己的尾巴是世界上最好的。结果就是孔雀是不爱争斗的鸟类。想象一下，一只孔雀如果被教导成认为对自己有好的评价是道德上不好的，这只孔雀的生活有多不幸福。当它看到其他孔雀开屏时，它会对自己说：“我一定不能去想象自己的尾巴比它的更漂亮，因为那样是骄傲自大的，但是，哦，我多么希望是那样的啊！那只讨厌的鸟对它自己的华丽太有自信了！我要拔它几根羽毛吗？那时我也许不再害怕和它作对比了。”或者也许这忌妒的孔雀会给这开屏的孔雀设个陷阱，证明这开屏的孔雀道德败坏，做了孔雀不应该做的事情，并且在领导们的会议上公开谴责这开屏的孔雀。逐渐地，这忌妒的孔雀会确立起以下原则：有着特别好的尾巴的孔雀几乎总是道德败坏的，那么孔雀王国中明智的统治者应该找出尾巴上只拖曳着很少羽毛的谦虚的孔雀。这个原则被接受之后，这妒忌的孔雀就会把所有最好的孔雀置于死地，最终一个真正极好的尾巴将成为仅仅是对过去的模糊的记忆。这就是伪装成道德的忌妒的胜利。但是在每一只孔雀都认为自己比其他所有孔雀更好时，所有这些压制就不必存在了。每一只孔雀都期望在竞争中获得最好的奖励，然后每一只孔雀都认为自己做到了，因为每一只孔雀都珍视自己的配偶。

当然，忌妒和竞争之间有密切的关联。对于我们认为自己完全没有希望获得的好运，我们不会去忌妒。在社会阶层固定的年代，只要贫富分化被认为是神的旨意，最底层的人就不会忌妒在上阶层的人。乞丐不会忌妒百万富翁，虽然乞丐当然会忌妒其他更为成功的乞丐。当代世界中社会地位的不稳定性以及民主主义和社会主义的平等主义学说已经大大扩展了忌妒的范围。暂时来说这是坏事，但这是一件为了实现一个更为公正的社会制度所必须忍受的坏事。一旦理性地思考不平等，不平等看上去就是不正义的，除非是建立在某种价值的优越性上。那么一旦不平等看上去是不正义的，除了去除这种不正义以外，没有其他办法能够解决不平等带来的忌妒。所以，我们的时代是忌妒起到特别大作用的时代。穷人忌妒富人，贫穷的国家忌妒富有的国家，女人忌妒男人，品行端正的女人忌妒虽然品行不端却未受惩罚的女人。虽然忌妒的确是通向不同阶层间、不同国家间、不同性别间正义的主要驱动力，但是同时这种被期望作为忌妒的结果的正义可能的确是最糟糕的一种，换句话说，它通过减少幸运者的快乐，而不是通过增加不幸者的快乐来实现正义。在私人生活中带来破坏的情感也会同样在公共生活中带来破坏。像忌妒这样不好的事情应该不会产生什么好的结果。所以，出于理想主义的原因希望我们的社会制度发生深刻变化并且社会正义得到很大提升的人们一定是希望忌妒之外的其他力量能够为带来这些变化发挥重要作用。

所有的坏事之间都有相互联系，其中的任何一样坏事往往会导致其他的坏事产生。更为具体地说，疲惫常常是造成忌妒的原因。当一个人感到对自己必须完成的工作不能胜任时，他会感到普遍的不满，这种不满往往会以忌妒其他从事不那么费劲的工作的人的形式出现。所以，减轻忌妒的方法之一是减轻疲惫。但是，最为重要的事情是获得一种满足本能的生活。大量似乎纯粹是职业上的忌妒其实有与性相关的本源。一个婚姻幸福、对孩子们也满意的男人只要他有足够的钱用他认为正确的方式抚养他的孩子们，就不会因为其他男人比自己更富有或者更成功而很忌妒其他男人。人之幸福所必需的东西很简单，简单到老于世故的人都无法让他们自己承认他们到底缺少什么。我们前面提到的忌妒地看着每一个衣着考究的女人的女人，可以肯定她们的本能生活不幸福。在英语世界，本能的幸福现在已是罕见，特别是在女人中间。文明在这方面看来已经误入歧途。如果要减少忌妒，必须找出补救这种事态的方法。如果找不到这种方法，我们的文明就处于走向被肆无忌惮的仇恨毁灭的危险之中。在以前人们只忌妒与他们邻近的人，因为他们对其他人知之甚少。现在通过教育和媒体，对于那些他们不认识其中任何一个个人的大的阶层，他们都以抽象的方式了解很多。通过电影，他们认为他们知道富人是如何生活的。通过报纸，他们知道了许多外国的罪恶。通过宣传，他们知道了与他们自己的肤色不同的那些人的邪恶行为。黄种人仇恨白种人，白种人仇恨黑种人，以此类推。你也许会说，所有这些仇恨都是被宣传鼓动起来的，但是这是一个有点肤浅的解释。为什么宣传在鼓动仇恨时比鼓动友善时更成功？原因显然在于当代文明让人心变得更容易产生仇恨，而不是产生友善。而且人心容易产生仇恨是因为没有得到满足，因为深深地甚至可能是无意识地感到不知怎么已然错过了人生的意义，也许其他人而不是我们自己已经获得了本质上能让人欢乐的东西。一个当代人在生活中的快乐之事无疑比更为原始的社会中所能发现的要多，但是对于可能有的快乐之事的意识增加得更多。无论何时你带你的孩子们去动物园，当猿不在进行活动或者吃坚果时，你可以从猿的眼睛看到一种奇怪的带着紧张的悲伤。几乎可以想象它们觉得它们应该变成人，但是它们没有发现如何变成人的奥秘。在进化的道路上，它们迷路了，它们的表亲大踏步向前，而它们被甩在了后面。类似的紧张和痛苦进入了文明人的内心。他知道有些更好的东西几乎已在他的控制之下，但是他不知道去哪里寻找这些东西或者如何找到这些东西。在绝望中，他对自己的同类感到愤怒，而这些同类也一样地不知所措，一样地不幸福。我们在进化过程中现在已经到达的阶段不是最终阶段。我们必须快速经过这个阶段，因为如果我们不这样的话，我们中的大多数会在这过程中毁灭，而其他人会在怀疑和恐惧的森林中迷失。所以，尽管忌妒是有害的，忌妒的效果是可怕的，忌妒并不完全是魔鬼。忌妒在某种程度上表达了英雄之痛，遭受此痛的人们盲目地在黑夜中穿行，也许通向更好的安息之处，也许只是通向死亡和毁灭。要在这绝望中找出正确的道路，文明人必须扩展自己的心灵，就像已经扩展了自己的头脑一样。他必须学会超越自我，以获得天地间的自由。

第七章　负罪感

有关负罪感，我们在第一章中已经有机会讨论了一些，但我们现在必须要更完整地研究它，因为它是成年人生活中不幸福的最重要的潜在心理原因之一。

有一种有关“罪”的传统的、宗教的心理学，但没有当代的心理学家接受这种心理学。根据这种传统的心理学，人们特别是新教徒们认为，每个人当想要去做有罪的事时，良心会给他启示。而且在他做了这种有罪的事之后，他会体验到两种痛苦的情感，一种叫懊悔，这种情感没什么实质用处，另一种叫忏悔，这种情感可以洗刷他的罪过。在新教国家，即便是许多已经丧失信仰的人在有一段时间也接受在经过或多或少修正后的这种正统的有关罪的观念。在我们现在这个时代情况正相反，不仅非正统的人们不接受这种老旧的有关罪的学说，而且许多自认为是正统的人们也同样不接受，这应部分归功于精神分析学。因为良心曾是神秘的，所以可以被当作上帝的声音，而现在良心已不再是什么神秘的东西。我们现在知道，在世界上不同的地方良心要求做不同的行为，一般的说，就是在任何地方与部落风俗相一致的行为。那么，当一个人受到他自己良心谴责的时候，究竟在发生什么？

事实上，“良心”这个词涉及几种不同的情感。这些情感中最简单的是对于被发现的恐惧。我相信，读者你过着完全无可指责的生活，但是如果你问问某人，他曾在过去干了若被发现就会受到惩罚的事情，你将会发现，当他那干过的事情看来即将要被发现的时候，他会对他的罪过感到懊悔。我并不是说这也适用于职业小偷，职业小偷将一定时间的坐牢看作经营风险，而是说这适用于可被称为“体面的有罪者”的人们，例如在压力之下曾贪污公款的银行经理，或者受情欲之惑而曾陷入不正当性行为的神职人员。在不大会被发现的时候这些人能够忘掉他们的罪过，但是当他们被发现或者处于可能被发现的极大危险之中时，他们但愿他们曾经能做得更为品行端正，而这种但愿会让他们活生生地感受到他们犯下的罪的深重。与这种情感紧密相连的是对于被群体排斥的恐惧。一个人在打牌时作弊或者未能清偿靠他的信用借来的债，如果被发现的话，他自己内心没有什么能用来抵御群体的非议。在这种情况中，他不像宗教革新者、无政府主义者和革命者。无论当前的命运如何，宗教革新者、无政府主义者和革命者都觉得未来和他们同在，并觉得就像现在给予他们憎恶一样未来会给予他们荣耀。尽管群体对他们有敌意，他们不会有负罪感，但是在一个认同其所在群体道德的人在做了违背群体道德的事的情况下，如果他失去地位，他就会遭受很大的不幸福，而且对这灾难的恐惧或者灾难发生时带来的痛苦很容易让他认为他自己所做的是有罪的。

但是最为重要的形式的负罪感是某些更为深层的东西。它是某种根植于无意识的东西，而并不表现为意识里对于其他人非议的恐惧。在意识中某些种类的行为被贴上了罪的标签，虽然没有明显的去反省的理由。当一个人做了这些行为，他会感到不安，虽然他不太知道为什么。他但愿自己能够成为那种不做他自己认为有罪之事的那类人。他只把道德上的钦佩给予那些他认为心灵纯洁的人。他带着或多或少的遗憾承认自己不是圣人，的确，按照他对圣人品格的理解，大体上在日常生活中几乎是不可能做到的。结果，他在负罪感中度过一生，感到自己不是品格最好的人，自己在极度忏悔的时候是自己最为高尚的时候。

所有这些情形在实践中源于这个人在六岁之前还在他母亲或者保姆手里时所受的道德教育。在这个岁数之前，他学到了用脏话骂人是不好的，要最温文尔雅地说话才好，只有不好的人才喝酒，吸烟就配不上最好的德性。他学到了一个人绝不能说谎。最重要的是，他还学到了对涉及性的部位有任何的兴趣都是令人憎恶的。他知道这些都是他母亲的观点，并且相信也都是造物主的观点。被他的母亲疼爱，或者如果他母亲未能尽责的话，被他的保姆疼爱，是他生活中最为快乐的事。这种快乐也只有在人们还不知道他犯下违反道德准则的罪过的时候他才能得到。因此，他会把某些他朦朦胧胧觉得极坏的东西和他的母亲或者保姆会非议的行为联系起来。渐渐地，随着他的长大，他忘了他的道德准则来自何处，也忘了对违反这些道德准则最初的惩罚是什么，但是他没有抛弃这些道德准则，如果他违反了，他还是会感到他很可能会遭遇某些可怕的事情。

现在，幼儿期道德教育中的很大部分都完全缺乏理性基础，以至于都无法适用于普通人的一般行为。例如，从理性的角度来看，说脏话的人并不比不说脏话的人要来得差。尽管如此，实际上每个人在想象一个圣人时都会把不说脏话作为必要的条件。根据理性的看法，这实在是愚蠢的。同样的情况也适用于酒和烟草。关于酒，在南方几个国家并不存在这种情感，而且的确这种情感也有对神不敬的因素，因为大家知道我主和使徒们都曾喝过酒。关于烟草，因为所有最伟大的圣人都生活在烟草的使用为人所知之前，所以更容易坚持反对的立场。但是，此处也没有什么可能的理性的论证。没有圣人会吸烟的观点乃是基于最新的分析得出的没有圣人会仅仅因为一件事情给他快乐就会去干这件事情的观点。日常道德中的禁欲因素已经变得几乎是无意识的，但是在以各种方式发挥作用，让我们的道德准则变得非理性。在一种理性的道德观中，只要没有给自己或者其他人带来相应的痛苦，那么给任何人甚至是自己带来快乐都是值得称赞的。如果我们把禁欲主义去除的话，一个理想中的有德性的人可以享有所有美好的事物，只要有害的后果没有胜过这享受。再来说一下说谎的问题。我不否认，在世界上有着大量的太多的谎言，如果能更加真诚的话，我们所有人的处境都会变得更好。但是，我要否认的是，撒谎在任何情况下都没有正当理由。我想任何一个理性的人也会同样否认。有一次我在乡间散步的路上，看见一只疲惫的狐狸，已经精疲力竭，但仍然在让自己奔跑。几分钟后，我碰到了猎人们。他们问我是否看见了那只狐狸，我说我看见了。他们问我狐狸往哪里跑了，我向他们撒了谎。我不认为如果我说出真相的话我就是一个更好的人。

但是，早期的道德教育为害最重的是在性的领域。如果一名儿童受他有些严厉的父母或者保姆进行老套的教育，那么到他六岁的时候，罪和性器官之间的联系就牢固建立了，以至于在他的余生中都不大可能完全解除这种联系。当然，这种情感会被恋母情结加强，因为儿童时期最爱的女人是母亲，而他与母亲之间不可能有性自由。结果就是，许多成年男人感到女人因性而堕落，从而无法尊重他们的妻子，除非她们痛恨性行为。但是，妻子性冷淡的丈夫会受本能的驱使去别处寻求本能的满足。然而，即便他能找到片刻本能的满足，那本能的满足也会被负罪感破坏。所以，和女人发生关系，无论是婚内还是婚外，他都不幸福。在女人这边，如果她曾被着重教导要所谓的“纯洁”，那么就将发生同样的事情。在和她丈夫发生性关系时，她会本能地退缩，生怕从中获得任何快乐。不管怎样，在女人这边，现在这种情况比 50 年前要少很多了。应当说，目前在受过教育的人中间，男人的性生活受负罪感的扭曲和破坏要比女人严重。

现在人们已经开始意识到传统的幼年性教育的害处，虽然当然不是官方开始意识到。正确的做法是简单的，无论儿童的性别，在接近青春期之前不需要教性道德，并且细心地避免灌输自然的身体机能中有任何令人厌恶的东西的观念。当接近青春期有必要给予道德指引时，要确定所给予的道德指引是符合理性的，并且对你所说的每一点都给出充分的理由。但是，在本书中我想要讨论的不是教育。在本书中我更为关注的是，成年人能做什么来减轻由不明智的教育导致的非理性的负罪感所带来的有害结果。

此处的问题与我们在前几章中所面对的一样，即强迫无意识留意为我们有意识思考所主宰的理性信念。人们一定不能纵容自己随着情绪而摇摆，人们相信的事情因时而异。当因为疲惫、疾病、饮酒或者其他任何原因导致有意识的意志变薄弱时，负罪感会特别明显。在这些时候（饮酒时除外），一个人所感受到的应该是他自己更高层次的自我的暴露。“恶魔生病时就成了圣人。”但是认为意志薄弱时比坚强时有更强洞察力的说法是荒谬的。在意志薄弱的时候人们会难以抵挡幼时得到的建议，但并没有任何理由可以认为这些建议要胜过一个成年人在他官能完全正常情况下的信念。恰恰相反，当一个人精力充沛时用他全部的理性经过审慎思考后所相信的东西应当成为对他而言他最好在任何时候都相信的规范。通过使用正确的技巧，克服无意识层面的幼时得到的建议，甚至改变无意识的内容，是完全可能的。每当你对一个行为感到懊悔但你的理性告诉你这行为在道德上并不坏时，审视一下你感到懊悔的原因，然后详细地说服自己这些原因是荒谬的。让你有意识的信念变得足够的清晰和显著，以使得这些信念在你的无意识上所产生的影响能够强到足以应付你在幼时你的保姆或者母亲对你所产生的影响。不能满足于时而理性，时而非理性。要密切留意非理性，下定决心不遵从非理性，不要让非理性主宰你。每当非理性把愚蠢的想法或者情感注入你的意识时，你就要把它们连根拔出，审视它们并拒绝它们。不要让你自己成为一个摇摆的人，在一半理性一半幼时的愚蠢间摇摆。不要害怕对控制你幼年记忆的人的不敬。那时你觉得他们强大而明智是因为你那时弱小而愚蠢，现在的你既不弱小也不愚蠢了，现在你应该审视他们那貌似的强大和智慧，考虑他们是否应该得到你出于习惯仍给予他们的崇敬。认真地问你自己，这世界是否因为以传统方式给年轻人的道德说教而变得更好。考虑一下，有多少纯粹的迷信进入了有传统德行的人的性格之中，再反思一下，当用极为愚蠢的禁律来抵御假想的道德危险时，一个成年人所遭遇的真实的道德危险却实际上被忽略了。什么是普通人会想去做的真正有害的行为？那种不受法律惩罚的商业中的欺诈手段，苛刻地对待员工，残忍地对待妻子和孩子，对竞争者心存恶意，政治斗争中的残暴——这些是在受尊敬的、体面的国民中间常见的真正有害的罪过。通过犯下这些罪过，一个人在他直接接触的圈子里散播着痛苦，并为毁灭文明贡献了他的力量。然而并不是这些事情让他在病了的时候把自己当作一个已经丧失得到上帝恩宠资格的被排斥者。并不是这些事情让他在作噩梦时看见他母亲用责备的眼光注视着他的幻象。为什么他潜意识里的道德和理性如此脱节？因为在他幼时看管他的人们的道德观是愚蠢的，因为这种道德观不源于任何有关个人对社会的责任的研究，因为这种道德观由各种陈旧的非理性的禁忌拼凑组成，因为这种道德观自身包含着一种病态的成分，这种病态源自那种曾经困扰着垂死的罗马帝国的精神疾病。我们现在名义上的道德是由神职人员和精神上被奴役的女人们制订的。现在是时候由正常参与这个世界正常生活的人们学会反抗这些病态的谬论了。

但是，如果要这反抗能成功地带来个人的幸福，并且能让一个人一贯地生活在一套标准中，而不是在两套标准间摇摆的话，那么这个人必须想清楚并深切地感受到他的理性告诉了他什么。大部分人在表面上丢弃了他们幼时的迷信后，认为不需要再做什么了。他们没有认识到这些迷信仍然潜伏在底下[①]。当一个理性的

① 指存在于潜意识中。——译者注

信念出现的时候，有必要一直想着它，按照它的推论来行事，从自己身上找出与这个新的理性信念相违背的信念，如果不找出来的话，那么这种与这个新的理性信念相违背的信念还会继续存在下去。而负罪感会时不时地增强，每当负罪感增强的时候，不要把它看作是揭示了或者在召唤更高层次的东西，而是要把它看作是一种疾病和虚弱，当然除非这负罪感是由某些为理性的道德所谴责的行为所引起的。我并不是在建议一个人应该完全不要道德，我只是在建议一个人应该完全不要迷信的道德，这是完全不同的事。

但是即便当一个人违反他自己的理性准则的时候，我仍怀疑负罪感是不是实现更好的生活方式的最佳方法。在负罪感中包含了某些被鄙视的、缺乏自尊的事物。丧失自尊不会对任何人有好处。在看待不期望去做的事上，一个理性的人会把自己的和其他人的作同样的考虑，把它们看作是由一定的环境所导致的，并通过更完整地认识它们是不期望去做的，或者如果可能的话脱离导致它们产生的环境，来避免它们。

事实上，负罪感非但不是良好生活的原因，而且还完全相反。负罪感让一个人不幸福并且让他感觉自己不如别人。因为不幸福，他可能会向其他人过度索取，从而使得他无法从人际关系中享受幸福。因为感觉自己不如别人，他就会对看起来比他优秀的人怀恨在心。他会难以心生钦佩之心，而容易心生忌妒。他会变成一个和大家难以相处的人，于是他会发现自己越来越孤单。对其他人持一种开朗而宽宏大量的态度不仅给其他人以幸福，而且这也是持有这种态度的人自己的幸福的巨大源泉，因为这会让他为大家所喜爱。但是，受负罪感困扰的人几乎不可能持这种态度。这种态度是自信和自主的结果，它要求一个人达到可被称为“精神协同”的状态，我在这里所用的“精神协同”是指一个人的天性的不同层次，意识、潜意识和无意识共同协同发挥作用且相互间不发生永久的斗争。在大多数情况下，通过明智的教育达到这种协同是可能的，但是当所受的教育是不明智的时候，这个过程就会更为困难。这是一个心理分析师要试图完成的过程，但是我相信在非常多的情况下，病人可以自己完成这个工作，只有在更为极端的情况下，才需要专家的帮助。别说：“我没有时间做这些心理工作。我的生活已经被事情填满，我不得不让我的无意识自行运转。”没有什么比分裂并有内在冲突的人格更能减少幸福和降低效率的了。在一个人人格的不同部分之间产生协同上花费时间是有益的。我并不建议一个人专门留出时间，比方说每天一小时，去作自我反省。在我看来这绝不是最佳方法，因为这会增加自我专注，而协同的人格则应向外，并且自我专注本身也是需要治愈的疾病之一。我所要建议的是，一个人应该下定决心把重点放在他理性地相信的事物上，并且应该不放过那些非理性的信念或者让非理性的信念主宰他，无论主宰的时间多短暂都不行。这是一个在他想要变成幼儿般时和他自己说理的问题，但是这说理如果充分强的话，所花的时间可以非常短暂。所以，所花费的时间应该可以忽略不计。

有许多人不喜欢理性，在这种情况下我刚才前面所讲的那些东西似乎变得无关和不重要。有一种观念认为，如果任由理性自由发挥，理性将会扼杀所有更深层次的情感。在我看来，这种想法是出于对人类生活中理性所发挥的作用的完全错误的理解。虽然也许理性的部分作用在于阻止那些成为幸福的阻碍的情感，但是理性的作用不在于产生情感。寻找减少仇恨和忌妒的方法无疑是理性的心理学的功能的一部分。但是认为在减少这些情感的时候，我们应该同时降低那些理性所不谴责的情感的强度是错误的。在热烈的爱情中，在父母对子女的亲情中，在友谊中，在仁慈中，在对科学或艺术的献身中，不存在应由理性去减少的情感。当一个理性的人在感受到这些情感的时候，他会为此而感到高兴，而且不会去减少它们的强度，因为所有这些情感都是良好生活的一部分，这种良好的生活就是既能让自己也能让别人幸福的生活。在这些情感中没有什么非理性的东西，而非理性的人们只是感受到最为微不足道的情感。一个人无需害怕自己变理性之后生活会单调乏味。恰恰相反，因为理性存在于基本的内在和谐之中，而达到内在和谐的人与总是受内在冲突困扰的人相比，在观察世界和用自己的精力去达到外在的目标时更为自由。没有什么比被自我包围更加单调乏味的了，也没有什么比把注意力和精力都引向外部更加使人高兴的了。

我们的传统道德过度以自我为中心，而对罪的理解则是这种不明智的把注意力集中在自我上的一部分。对于那些没有经历过由这些错误的道德所引发的主观情绪的人们，理性也许不是必需的。但是对那些已经得了病的人们，想要有效地治愈的话，理性是必需的。而且也许疾病是心智发展过程中必经的一个阶段。我倾向于认为，一个借助理性而经过了这个阶段的人与从未经历过疾病或者疾病未被治愈的人相比，已经到达一个更高的水准。在我们这个时代常见的对理性的痛恨很大程度上是由于理性的作用没有被以足够基础的方式来设想。内心分裂的人寻找刺激和消遣，他喜欢强烈的情感，这并没有什么合理的理由，而是因为在那时强烈的情感可以把他从自己里面抽出来，并且阻止了必然会发生的痛苦的思考。对他而言任何强烈的情感都是一种麻醉，而既然他无法领会到根本的幸福，对他而言只可能用麻醉的方式从痛苦中解脱出来。然而，这是一种根深蒂固的疾病的症状。当没有这种疾病时，最大的幸福才能随着最为完整的感官而到来。正是在精神最为活跃、忘掉的东西最少的时候才能体验到最强的喜悦。的确，这是幸福的最好的试金石之一。需要无论何种类型的麻醉的幸福都是虚假的、不能令人满意的。伴随着真正令人满意的幸福的是，我们的感官在最大限度地发挥作用，而且对我们身处的世界有着最大限度的认识。

第八章　被害妄想

最为极端形式的被害妄想是一种公认的精神失常。有些人假想其他人想要杀害他们，或者拘禁他们或者对他们做其他严重伤害的事。常常想要保护他们自己免受那假想的加害的念头让他们做出暴力行为，而这暴力行为又使得有必要限制他们的自由。像许多其他形式的精神失常一样，这只是一种正常人中间普遍存在的一种倾向的夸大。我不打算讨论这极端的形式，那是精神病医生要处理的问题。我打算讨论的是更为轻微的形式，因为它们是不幸福的一个非常普遍的原因，而且因为还没到明确的精神失常的地步，它们仍然可以由病人自己来应对，只要病人被引导去正确地诊断自己的问题，看清其根源在自己身上而不是其所猜测的其他人的敌意或是刻薄。

我们都熟悉这样一类人，无论男女，按照他们自己的说法，他们不断地成为忘恩负义、刻薄和背叛的受害者。这个类型的人常常是异乎寻常地貌似有理的，并从认识他们不久的那些人那里获得温暖的同情。一般说来，和他们有关的每一个单独的故事，从故事本身内在来看都是可能发生的。那种他们所抱怨的恶劣对待无疑有时会发生。最后让听者生疑的是那倒了霉运的受害者所碰到的坏人的数量之多。根据概率论，在一个确定的社会中生活的不同人在他们生活过程中大致会遇到相同数量的恶劣对待。如果在一个确定的社会中，一个人自称受到了普遍的恶劣对待，可能原因就在他自己身上，要么是他假想自己受到了实际上并未受到的伤害，要么是某些他自己没有意识到的行为激起了他人的恼怒。所以，有经验的人会对那些自称老是受到这世界恶劣对待的人产生怀疑。由于这些有经验的人不表同情，这让这些不幸的人更确信了每一个人都在和自己作对的观点。事实上，处理这个问题是有难度的，因为同情和不同情都同样地会让这个问题变得更为严重。当一个有被害妄想倾向的人发现有人相信了一个倒霉的故事之后，他会对这个故事再添油加醋，直到他把这故事的可信度弄到可信与不可信的边缘。另一方面，当他发现有人不信之后，他会把这当作所有人对他特别冷酷的又一个例子。这疾病可以用理解来应对，而这理解如要达到目的话，必须传递给病人。在本章中，我会建议一些一般化的思考，借助这些思考每个个人都可以发现他自己身上被害妄想的成分（几乎所有人都或多或少不同程度的有），而后在发现这些被害妄想的成分后，消除它们。这是获得幸福的一个重要部分，因为如果我们觉得每个人都恶劣对待自己的话，那就完全不可能幸福。

非理性的最为普遍的形式之一就是每个人实际面对恶意传言时的态度。很少有人能忍住不说熟人的坏话，甚至朋友也很难幸免。然而，当人们听到自己被说任何坏话时，就会充满愤怒和惊讶。显然，他们没有想到过，就如他们传播其他所有人的流言一样，其他所有人也传播他们的流言。这种态度是比较轻微形式的，一旦变严重，就会导致被害妄想。我们期望其他所有人对我们有温柔的爱和深深的尊重，就像我们对我们自己一样。我们没有去想，我们不能期望其他人对我们的评价要好于我们对他们的评价。而我们没有这么去想的原因在于，我们自己的优点巨大而明显，然而其他人的优点就算存在的话，也只有用非常宽容的眼光去看才能看到。当你听说某某人说了一些让你反感的话，你会记起有 99 次你忍住没说有关他的最为公正和应得的批评，而忘了那第 100 次在你不留神的时候你说出了你所认为的他的真实状况。你会感到，难道这就是长久忍耐所得到的回报吗？然而，从他的角度所看到的你的行为就是从你的角度所看到的他的行为，对于你忍住没说的次数他一无所知，他只知道你在那第 100 次说了什么。如果我们都有看透彼此想法的魔力的话，我想首先发生的后果将是几乎所有的友谊都将消失，但是，排在第二位发生的后果可能是极好的，因为在感到没有任何朋友的世界难以忍受之后，我们会学会在不需要用假象掩饰我们并不彼此认为对方绝对完美的情况下彼此相互喜欢。我们知道我们的朋友们有他们自己的缺点，但整体说来是我们所喜欢的友善的人。但是，当我们发现他们对我们也是一样的态度时，会觉得不可忍受。我们期望他们会认为，不像其他人都有缺点，我们是没有缺点的。当我们被迫承认我们有缺点时，我们把这个显而易见的事实看得过于严重了。没有人应该被期望是一个完人，也没有人应该被自己不是完人这个事实所过度困扰。

被害妄想的根源总是我们对自己的优点有着夸大的理解。假设说，我是一名剧作家，我认为对每一个没有偏见的人来说应该很明显我是这个时代最为才华横溢的剧作家。然而，由于某些原因，我的剧作很少上演，而且在上演的时候也并不成功。对这样奇怪的事态作何解释呢？显然，剧团经理、演员和评论家出于各种原因在一起和我作对。当然，原因在很大程度上在我自己身上：我拒绝向戏剧界的大佬们卑躬屈膝；我不去奉承那些评论家；我的剧作中包含了一些不中听的大实话，这让受此打击的人们不能忍受。所以，我卓越的优点变得未被承认。

再者，有的发明人从未能让任何人来审视他的发明的优点。生产商们就按他们自己的方法不愿考虑任何革新。有少数有革新精神的生产商都有自己的发明人，这些发明人会让没有得到他们认可的天才无法进入这个领域。说来也怪，专业协会会把原稿弄丢或者没看就把原稿退回。所找的那些个人也难以理解地不做回应。怎样解释这种事态呢？显然，有一个紧密的圈子，圈子里面的人自己想要瓜分通过发明所能得到的好处，他们不会理会不在这个圈子里的人。

还有一种人，确实在真实的事实基础之上有着真的不满，但他把他的经验扩大化，并得出结论认为他自己的不幸提供了理解万物的钥匙。例如说，他发现了特工部门的一些丑行，而政府出于自身的利益不愿公开。他无法将他的发现公之于众，而表面上最为高尚的人们拒绝出力来纠正这恶行，这让他充满了愤慨。到目前为止，事实就和他说的一样。但是，他所遭受的挫折给他造成的影响使得他认为所有有权力的人们都仅仅是在全身心地用他们的权力掩盖犯罪。这种类型的情况是很难应付的，因为他们的看法部分是正确的，他们自己接触到的事物对他们的影响自然比数量上多得多的他们没有直接经验的事物要来得大。这给了他们一种比例上的错觉，导致他们对于也许是偶尔发生的事所赋予的重要性都超过了典型的事。

还有一种常见的被害妄想者是某种类型的乐善好施者，这些乐善好施者总是违背其他人的意愿对其他人做好事，而其他人没有表现出感激时，这些乐善好施者就会觉得意外和震惊。我们在做好事时的动机很少像我们想象的那样纯洁。潜在的动机是对权力的喜爱。对权力的喜爱有许多伪装，我们从对其他人做了我们认为的好事中获得快乐常常源自对权力的喜爱。经常还有另外一个因素介入。对人“做好事”大体上会剥夺他们的一些快乐：饮酒、赌博、偷懒等等。在这种情况中存在着非常典型的社会道德的因素，也就是说，在我们为了保持朋友对我们的尊重而不得不避免犯下某些罪过时，我们忌妒那些犯下这些罪过的人们。例如，那些投票赞成禁止吸烟的法律（这种法律在美国的一些州现在存在或者曾经存在过）的人们显然是不吸烟者，对他们而言其他人从烟草中获得的快乐是他们痛苦的源泉。如果他们遇到那些曾经烟瘾很大的人因为从这讨厌的恶习中解脱出来而跑进代表团来感谢他们，他们可能会感到失望。之后他们也许会开始反思，他们把他们的生活献给了公共利益，而那些最应该因为他们的善行而感谢他们的人们似乎最少意识到需要感激。

过去常常可以在部分女主人对待其家庭佣人的态度中找到同样类型的态度，这些女主人守护着其家庭佣人的道德。但是现在佣人问题变得尖锐，以至于这种形式的对女佣人的关爱已经变得不常见了。

在更高级的政界发生着同类的事情。为了能够实现崇高目标而渐渐把所有权力集中在自己手里的政治家，让自己放弃舒适的生活而进入公共生活的领域，当人民转而反对他时，他对人民表现出的忘恩负义感到意外。他从未想过，他的工作也许根本没有为了公众的动机，或者操控事情的乐趣也许在一定程度上激励过他。渐渐地，在他看来，在演讲台上或者政党报刊上讲话中常用的词语表达了真相，而且他错误地把带着党派偏见的花言巧语当作是对动机的真诚的分析。带着厌恶和幻想的破灭，在世界已经不需要他之后，他从世界中退出，并后悔他曾尝试去做追求公众利益这样不讨好的事情。

从这些实例可以想到四条一般性的准则，如果它们的道理被充分理解的话，就足以预防被害妄想。第一条准则是：记住你的动机总是没你自己觉得的那样利他主义。第二条准则是：不要过高估计你自己的优点。第三条准则是：不要期望其他人会像你自己一样对你感兴趣。第四条准则是：不要想象大多数人会因有要加害你的特别愿望而老是想着你。接下来我依次就这些准则谈几句。

对于乐善好施的人和从事管理的人来说，特别需要怀疑一下自己的动机。这些人对于世界或者世界的某些部分应该怎样有着自己的观念。他们觉得在实现他们的观念时他们会给人类或者部分人类带去福祉，但他们这种感觉时而正确、时而错误。然而，他们并没有充分意识到，就受他们行动影响的个人而言，每个人都对自己所期望的世界的观念有同样的权利。从事管理的人非常确信自己的观念是正确的，与之相违背的是错误的。但是他主观上的确信并不能证明在客观上他是正确的。再者，他的信念往往只是用来掩饰他从他所促成的经过深思熟虑的变化中获得的快乐。除了喜爱权力之外，还有一种动机在这种情况下很强烈，这种动机就是虚荣心。我说一下我亲身经历的一件事。下议院中一位高尚的理想主义者，在知道有选民认为他只是渴望在名字后面加上“下议院议员”几个字的荣耀时，他对选民的这种认为世人皆自私的观念感到惊讶。当争论结束之后他有时间想一想的话，他会觉得也许这些认为世人皆自私的选民终究还是对的。理想主义让简单的动机披上了奇怪的外衣，所以些许现实主义地认为世人皆自私的观念用在公众人物身上正合适。传统道德所反复灌输的利他主义的程度是人的天性几乎无法做到的，而那些以他们自己的德行为骄傲的人们常常是在假想他们达到了这不可能达到的理想。即便是最为高尚的人的行为中的绝大多数都有自利的动机，我们不必对此感到遗憾，因为若非如此，人类无法得以延续。一个人把时间花在看着别人吃东西而忘了自己去吃东西的话，他自己就会死亡。当然，他汲取养分可能仅仅是为了给自己提供必要的力量去和恶行再作斗争，但出于这样的动机吃下去的东西能否充分消化是值得怀疑的，因为这种情况下唾液分泌会不足。所以，一个人最好还是因为享受他的食物而去吃，而不是仅仅为了公共利益去吃。

适用于吃的道理也适用于其他所有事。无论做什么只有在有一定热情的情况下才能做得好，而如果没有一些自利的动机的话，是很难有热情的。从这个角度看，我要把那些与一个人有着生物学上联系的人有关的动机包含在自利的动机中，例如保护妻子和孩子不受敌人侵犯的冲动。这种程度的利他主义是正常人的天性的一部分，而传统道德所反复灌输的利他主义的程度则不是正常人的天性的一部分，而是几乎不可能出自真诚去达到的。所以，期望他们自己的卓越道德能得到高度评价的人们不得不说服自己，认为自己已经达到一定程度的无私，但实际他们不大可能已经达到这种程度的无私，因此对圣洁的追求和一种自欺发生了关联，而这种自欺很容易导致被害妄想。

我们四条准则中的第二条大意是过高估计你自己的优点是不明智的。就涉及道德方面而言，我们已经谈过了这条准则。但是，除了道德以外的其他优点也一样不应该被过高估计。剧作没有取得成功的剧作家应该冷静地思考一下这样一种假设，即这些剧作都是差的，他不应该认为这种假设明显站不住脚就予以否定。如果他发现这假设就是事实的话，他应该像运用归纳法的哲学家一样接受它。的确，在历史上有一些优点未得到公认，但是在数量上要远远低于缺点被公认的情况。如果一个人是当时没得到公认的天才，尽管没有得到公认，他继续坚持走自己的路完全是正确的。另一方面，如果他是一个受虚荣心鼓动的并非天才的人，那么他还是不要坚持为好。如果一个人因为觉得自己创作了没有得到公认的杰作而感到痛苦的话，没有办法知道这个人究竟属于这两类中的哪一类。如果你属于前一类，那么你的坚持是英勇的。如果你属于另一类，那么你的坚持是荒唐可笑的。当你死后过一百年时，可能知道你属于哪一类。同时，当你觉得你是天才而你的朋友们觉得你不是天才时，有一种测试的办法，虽然也许这测试办法不是万无一失的。这种测试是这样的：你是因为觉得有种急迫的冲动要去表达某种思想或是情感而去创作？还是因为想要得到称赞而去创作？天才的艺术家虽然通常也强烈地想要得到称赞，但对天才的艺术家而言这是第二位的，因为艺术家期望创作某一类的作品，也希望作品能得到称赞，但是不会因为得不到称赞而改变自己的风格。另一方面，把得到称赞作为首要动机的人没有内在的动力去要求自己做特定种类的表达，所以可以一样去创作某些完全不同种类的作品。如果这样的人的作品没有得到称赞的话，他还是放弃为好。更普遍地说，无论你在生活中处于哪个行业，如果你发现其他人对你能力的评价要低于你的自我评价的话，不要过于确信是他们错了。如果你放任自己去想是他们错了的话，你多半会相信是他们在通谋让你的优点得不到承认，可以肯定这种想法会成为不幸福生活的来源。承认你自己的优点没有你曾期望的那么大也许一时会更加痛苦，但这种痛苦是有尽头的，痛苦过去之后幸福的生活将再次成为可能。

我们的第三条准则是：不要对其他人期望过多。久病衰弱的妇女过去常常期望在女儿中间至少有一位能完全牺牲自己来承担护理的责任，即便是要到放弃婚姻的程度。这就是期望另一个人的利他主义到了违背理性的程度，因为利他主义者的损失已经大于自我主义者的收益。在你和其他人的交往过程中，特别是和最为亲近和喜爱的人的交往过程中，很重要但总是容易忘记的是，他们从自己的角度看待生活、触及他们的自我，而不是从你的角度看待生活、触及你的自我。没有人应该被期望因为另一个人的缘故而扭曲自己生活的主线。有时也许有一种强烈的感情，即便是最巨大的牺牲也变得自然，但是如果这些牺牲是不自然的，那么就不应该做这些牺牲，没有人应该为没做这些牺牲而受到责备。人们所指责的其他人的行为常常不过是，当一个人在面对另一个自我膨胀超出合适限度的人的贪婪时出于自然的自我主义所作出的正常反应。

我们提到的第四条准则的关键在于认识到其他人用于考虑

你的时间比你用于考虑你自己的时间要少。精神失常的被害妄想者假想所有种类的人都从早晨、中午到晚上没有空闲地忙于给这个可怜的疯子使点坏，但事实上这些人都有自己的业余爱好和兴趣。类似地，精神相对正常一点的被害妄想者把所有种类的行为都看作是涉及他的，但事实上这些行为并不涉及他。当然，这种想法正迎合他的虚荣心。如果他真是一个足够重大的人物的话，这有可能是真的。曾有很多年英国政府的行动主要就是为了阻挠拿破仑。但是，当一个没那么特别重要的人想象其他人有针对性地想着他时，他是在通向精神失常的路上。例如，你在一个公开的晚宴上发表了讲话。某些其他发言的人的照片登上了报纸，而你的照片没有登上。你怎么解释这种情况呢？显然，不是因为其他发言的人被认为比你更重要，一定是报纸的编辑接到了命令不能刊登你的照片。那么为什么他们会接到这样的命令呢？显然，这是因为他们害怕你，而他们害怕你是因为觉得你极为重要。用这方法就把没登你照片的事从忽视转变成了巧妙的恭维。但是，这种形式的自欺不能带来任何实实在在的幸福。在你的脑海里，你知道事实不是这样的，而为了把事实隐藏得离你自己尽可能的远，你就不得不编造越来越不切实际的假设。试图去相信这些假设的压力最终会变得非常强大。此外，因为它们还涉及你要相信自己是广为存在的敌意的针对对象，它们在保卫你的自尊时给你带来感觉自己与全世界不和的那种非常痛苦的情感。基于自欺的满足不会是实实在在的，而且，无论真相有多么令人不快，最好还是彻底面对它、习惯它并根据它去着手构建你的生活。

第九章　对舆论的恐惧

除非大体上他们的生活方式和世界观得到与他们有社会联系的人，特别是与他们共同生活的人的赞同，否则他们很难幸福。当代社会的一个特点是人们可分成道德观和信念迥异的群体。这种事态始于宗教改革，或者也可以说始于文艺复兴，从那时起发展到现在越来越明显。新教徒和天主教徒在过去就不仅在宗教信仰上不同，而且在许多更为实际的事务上也有所不同。在过去，贵族所容许的很多种行为对资产阶级而言则是无法忍受的。能容纳不同宗教见解的人和自由思想家过去就不承认有参加宗教仪式的义务。在我们现在这个时代，整个欧洲大陆上，社会主义者和其他人之间有着深刻的分裂，这不仅是政治上的，而且涉及几乎生活中的每一个方面。在英语国家，现在各种分裂的种类繁多。在某些群体中，艺术得到崇敬，而在其他一些群体中，艺术被认为是魔鬼，至少当代艺术被认为是魔鬼。在某些群体中，效忠于帝国是至上的美德，在其他一些群体中，则被认为是坏事，还有的群体则认为这是一种愚蠢。持传统观点的人认为通奸是最为恶劣的罪行之一，而大部分人则认为通奸虽然不值得积极褒奖，但也是可以原谅的。在天主教徒中离婚是绝对禁止的，而大部分不信奉天主教的人则把离婚看作是对于减轻婚姻的痛苦所必需的。

由于所有这些观念上的差异，一个有着确定的品味和信念的人在实际生活中可能会发现他在一个群体中生活受到排斥，而在另一个群体中他会像一个完全正常的人一样被接受。大量的不幸福是以这种方式产生的，特别是在年轻人中间。一个年轻男人或者年轻女人不知怎地接受了外面流传的一些思想，但是却发现在其所生活的特定环境里这些思想被深恶痛绝。年轻人很容易以为他所熟悉的环境代表了整个世界。他们很难相信，他们怕被认为完全不合情理而不敢公开承认的观点在另一个地方或是另一群人中会被当作这个时代普通的常见事物而予以接受。因此，由于对世界缺乏认知，大量的痛苦延续着，有时只是在年轻时发生，而终其一生的也不罕见。这种隔绝不仅仅是痛苦的一个源泉，还会导致把大量的精力消耗于在敌意的环境中保持精神独立这一不必要的任务上，而且在99%的情况下会造成一定的胆怯，不敢把自己的想法在逻辑上贯彻下去。勃朗特姐妹①在她们的图书出版之前从未遇到过任何意气相投的人。这没有对艾米莉造成影响，她有着巨大的勇气、很有气派。但这确实影响了夏洛蒂，尽管她是天才，她的观念在很大程度上一直停留在家庭女教师的观念上。像艾米莉·勃朗特一样，布莱克生活在极度的精神隔绝之中，但还是像艾米莉·勃朗特一样，布莱克足够伟大以至于可以克服其

① 英国文学史上三姐妹合称。夏洛蒂·勃朗特（1816—1855），《简·爱》作者；艾米莉·勃朗特（1818—1848），《呼啸山庄》作者；安妮·勃朗特（1820—1849），《艾格妮丝·格雷》作者。——译者注

负面的影响，因为对于自己是正确的而他的批评者是错误的，他从未怀疑过。他对舆论的态度表现在下面的话中：

在我认识的人中
唯一不让我作呕的是
富塞利，他既是穆斯林，又是犹太教徒
那么亲爱的基督教朋友们，你们应该怎么做?

然而，内心如此强大的人并不多。对几乎所有人来说，想要幸福就必须得到周围环境的支持。当然，大部分人会觉得所处的环境是支持自己的。他们在少年时期接受了流行的成见，并且本能地让他们自己适应在自己周围所遇见的信念和习俗。但是对大量的包括了实际上所有具有智力或艺术优点的少部分人而言，不可能有这种顺从的态度。例如，一个出生在某个小镇上的人刚进入少年期就会发现他身处的环境对一切对于精神上的卓越而言所必需的事物怀有敌意。如果他要读严肃的书籍，其他男孩会鄙视他，而老师会告诉他这些作品会扰乱人心。如果他喜欢艺术，他的同龄人会认为他不像个男人，而比他年长的人会认为他不道德。如果他希望能有一份他所在的圈子里不常见的工作，那么无论这工作有多受人尊敬，人们都会说他自我定位过高，并且认为他有一份对他父亲来说足够好的工作就足够好了。如果他表现出批评他父母的宗教教义或是政治派别的倾向，他很可能会发现自己陷入了大麻烦。出于所有这些原因，对大多数具有突出优点的青年男人和青年女人来说，青春期是一段非常不幸福的时光。也许对于比他们更为普通的同龄人来说，青春期是一段快乐而享受的时光，但对他们自己来说，他们希望有一些更为严肃的东西，而在他们因偶然出生而身处的那个特定社会环境中的年长者和同龄人身上都找不到这种更为严肃的东西。

当这些年轻人进入大学后，他们很可能会找到精神上意气相投的人，并过上几年很幸福的日子。如果他们幸运的话，在他们离开大学的时候，他们能找到仍然有机会挑选意气相投的伙伴的工作。生活在像伦敦或者纽约这样的大城市的聪明人一般都能找到一些意气相投的群体，在这些群体里的时候就不必约束或者伪装自己。但是，如果他的工作要求他必须在更小的地方工作而且就他的具体工作而言要求让普通人对他保持尊敬，例如医生或是律师，他可能会发现他自己整个一生都被迫向大多数他日常遇到的人隐藏自己真实的品味和信念。在美国特别是如此，因为有着广阔的乡村。在位于东南西北的那些最让人意想不到的地方，会发现孤独的个人，他们从书籍中知道有些地方如果他们能去那里的话就不会孤独，但是他们没有机会去那里生活，而就连意气相投的谈话机会也很少。在这种环境下，对于没有布莱克和艾米莉·勃朗特那样强大的人来说，要有真正的幸福是不可能的。如果要有可能，必须找到一些方法，能减轻或者避开舆论的专横，并让有智慧的小部分人能彼此认识并融入彼此的社会。

在很多情况下，不必要的胆怯让问题变得比原来更糟。与对舆论淡然处之的人相比，舆论对明显畏惧舆论的人来得更为专横。与藐视狗的人相比，狗对怕狗的人叫得更响，更要去咬。人的群体也有某些一样的特性。如果你显得你怕他们，你就给了他们可以好好欺负的期望。而如果你显得满不在乎，他们就会开始怀疑自己的力量，所以就往往随你去。当然，我这并不是在考虑极端形式的违抗。如果你在肯辛顿[①]时持有在俄国通行的观点，或是在俄国时持有在肯辛顿通行的观点，那你就必须接受由此带来的后果。我所要考虑的并不是这种极端的情形，而是相比较而言温和得多的对习俗的背离，例如穿着不得体、不参加某种教派、阅读有智慧的书籍等。这种背离如果是以自然的方式而不是以挑战的方式进行，并伴随着欢乐与漫不经心的话，即便是在最为守旧的社会里也能得到容忍。渐渐地，有可能成为一个得到大家许可并被大家认为是不正常的人，所做的事情可以得到大家的允许，而如果是其他人做这些事情的话，是不可原谅的。这大体上是性情温和和友善的问题。传统的人们被背离传统的行为激怒大体上是因为他们把这种背离看作是对他们的批评。而在即便是最愚笨的人也能从他的快乐和友善中足以看清他不是在批评他们的情况下，他们就会大大地原谅这种背离。

然而，这种逃避指责的方法对于许多其品味和观点使得他们无法取得群体的赞同的人们是不可能的。缺少赞同让他们不舒服，使得他们产生好争吵的态度，即便从外面看他们遵循着避免任何尖锐的争议的做法或者设法去避免任何尖锐的争议。所以，与自己所在的群体相处不和谐的人们往往是易动怒的和不舒服的，并且缺少广泛而良好的幽默感。同样是这些人，如果放到另一个不认为他们的观点不可思议的群体中的话，他们的性格看上去像是完全改变了。原来他们严肃、害羞、离群索居，现在变得快乐而自信。原来他们有棱角，现在变得没有棱角而好相处。原来他们以自我为中心，现在变得合群而外向。

---

① 伦敦的一部分。——译者注

所以，无论在哪里，发现不能与环境和谐相处的年轻人应该努力去选择一些有机会和意气相投的同事在一起的职业，即便这样会带来收入上的很大损失也是如此。因为他们对这个世界知之甚少，所以他们常常不知道这是可能的，而且他们会轻易地把他们在国内已经所熟悉的偏见想象为全世界都是如此。因为这方面需要人类的大量经验，所以这是年长的人能够给予年轻人许多帮助的地方。

现在的心理分析常常宣称，当年轻人与环境不相协调时，原因必定在于某种心理失调。我认为这完全是错误的。例如，假设有个青年人，他的父母都认为进化论在道德上是错误的。在这种情况下，他和他的父母无法和谐相处的原因就在于他的智慧，而不是其他什么东西。当然，与环境相处不和谐是一种不幸，但这并不总是一种无论如何都要去避免的不幸。当环境是愚蠢的、充满偏见的或是残忍的时候，与其相处不和谐是优点的一种标志。伽利略和开普勒被认为有着“危险的思想”(在日本现在就这么说他们)，我们当代最有智慧的人们也一样。社会意识不应该发展得太过强大，否则就会让这些人担心自己的观点会触发严重的社会敌意。可取的是，找到方法让这种敌意变得尽可能的轻或者尽可能不发生作用。

在当代世界，这个问题的最重要部分发生在青年身上。如果一个人在开始的时候就有合适的职业和环境，那么在大多数情况下他能够躲过社会的迫害，但是当他年轻时优点还没得到检验的情况下，他只能任由那些无知的人摆布，这些无知的人以为自己能够判断实际上自己一无所知的事物，而且想到如此年轻的人知道得比他们对世界的全部经验还要多就会愤怒。许多最后从无知的专横中逃脱出来的人经历了艰苦的战斗和长期的压抑，以至于最终他们充满怨恨而且精力受损。有一种令人舒服的说法，天才总是能走出自己的路来，基于这种说法，许多人认为对有才华的年轻人的迫害造不成大的危害。但是找不到任何理由来接受这种说法。这种说法就像谋杀犯终会被发现的理论一样。显然，我们所知道的谋杀犯都是已经被发现的，但是谁知道有多少没被发现的谋杀犯呢？类似地，所有我们曾听说的天才人物都成功克服了不利的环境，但不能以此为由认为并没有无数的其他天才在年轻时被扼杀了。再者，这不仅仅关乎天才，也关乎有才华的普通人，而有才华的普通人同样也是社会所需要的。而且这不仅仅是以某种方式摆脱出来的问题，也是摆脱出来时要没有怨恨而且精力不受损的问题。出于所有这些原因，青年的道路应该不要过于艰苦。

人们认为老年人应该尊重年轻人的个人意愿，反之却不肯接受。原因很简单，即在每一种情况下人们的关注点都是年轻人的生活，而不是老年人的生活。其实，当年轻人试图约束老年人的生活时，例如，反对丧偶的长辈再婚，他们就和老年人试图约束年轻人的生活一样是错误的。老年人和年轻人一样，一旦成年就有权自己作选择，如果必然要犯错的话，也是自己选择的错误。年轻人在任何重要的事情上屈服于老年人的压力是不明智的。例如，假设你是一个想要从事演艺工作的年轻人，你的父母反对你的想法，理由是演艺界行为放荡或是社会地位低下。他们可能施加各种压力。他们可能告诉你，如果你无视他们的命令，他们就丢下你不管。他们可能会说，你在几年之内一定会后悔的。他们可能会说出一大串可怕的例子，都是年轻人急匆匆去做自己想做的事，最后得到的都是不好的结果。当然，也许他们认为演艺工作不适合你是正确的，也许你没有表演的天分，或者你的嗓音不行。然而，如果是这种情况，你很快就会从演艺界的人那里知道这些，你仍有充足的时间来换一个职业。父母的主张不应该成为放弃尝试的充分理由。尽管他们说了那些话，如果你贯彻自己的意图的话，他们将会很快就接受，事实上比你和他们自己所料想的都要快得多。另一方面，如果你得到的专业人士的意见是劝阻你的，那就是另一回事了，因为新手总是应该对专业人士的意见抱有尊重的态度。

除了专家的意见外，我认为，现在一般而言在大事和小事上都对其他人的意见过于尊重了。一般说来，一个人只有在避免挨饿和囚禁所必需的情况下需要尊重舆论，任何超过这个限度的尊重舆论都是自愿地向不必要的专横屈服，而且往往会以各种方式影响幸福。以消费为例。很多人的消费方式和他们如果根据自己的天然品味去消费的方式相去甚远，这仅仅是因为他们觉得取得他们邻居的尊重有赖于有一辆好的轿车以及有能力吃得好的晚餐。事实上，任何明显负担得起轿车的人如果发自内心地更喜欢旅行或是好的图书馆的话，这种情况下他最终会比他去做和其他人一样的事的情况下更受尊重。当然，故意去藐视舆论是没有意义的。故意去藐视舆论表明你仍处在舆论的主宰之下，虽然是以一种颠倒的方式。但是，发自内心地对舆论漠不关心既是一种力量又是幸福的一种源泉。而且，由不过于屈服于习俗的男人和女人组成的社会比所有人都举止相似的社会要有趣得多。当每个人的性格都独立发展时，人的类型的差异得以保存下来，而且遇到新的人也有价值了，因为他们不会仅仅是以前遇到过的人的复制品。这也是贵族制的优点之一，因为当地位取决于出身时，行为的古怪就可以容忍。在当代世界，我们正在失去这个社会自由的源泉，所以更加有意识地去认识到人的无差异性的危险变得可取。我的意思并不是说，人应该故意去做得异乎寻常，故意去做得异乎寻常和墨守成规一样无趣。我的意思只是说，人应该自自然然、不造作，应该遵从发自内心的品味，只要这品味不是确定反社会的就行。

在当代世界，由于移动的便捷，人对于地理位置上最为接近的邻居的依赖和过去相比减少了。有轿车的人可以把生活在20英里以内的人都看作是邻居。所以，在选择伙伴方面，他们的能力比过去大得多。在人口稠密的居住区，如果一个人在20英里之内找不到意气相投的人的话，他一定是非常不走运了。在大的人口聚集中心，一个人应该认识近邻的观念已经不存在了，但这种观念在小城镇和乡下仍然存在。这已经成为一种愚蠢的观念，因为社会已经不需要依赖近邻。越来越可能的是从意气相投的角度而不是仅仅从血缘相近的角度来选择伙伴。类似品味和类似观点的人们之间的联系增进了幸福。预计社会交往会越来越按照这些方向发展，而以这种办法现在折磨着许多与习俗不合的人的孤独有望逐渐减少到几乎消失的地步。这无疑会增进这些与习俗不合的人的幸福，但是当然这会减少那些守着习俗的人现在从掌控那些与习俗不合的人中所获得的虐待狂式的快乐。然而，我不认为这是一种需要我们注意去保留的快乐。

就像任何其他形式的恐惧，对舆论的恐惧是压制性的，会阻碍成长。当这类恐惧强时，难以取得任何形式的伟大，而且不可能获得精神的自由，而真正的幸福正在于精神的自由。因为要取得幸福，我们的生活方式必须要源自我们自己深层的冲动，而不是源自偶然恰好是我们邻居或者甚至是亲戚的品味和愿望。对近邻的恐惧无疑已经比过去要少了，但是，现在有一种新类型的恐惧，即对报纸所说内容的恐惧。这和中世纪猎巫一样令人害怕。当报纸把一些也许相当无害的人当作替罪羊时，其结果可能非常可怕。幸运的是，大多数人由于自己默默无闻没有名气所以命中可以躲过，但是随着宣传报道的方法越来越完备，这种新形式的社会迫害的危险正在增加。此事过于沉重，受其所害的人不能对此置之不理，而且不管怎样去考虑出版自由这个伟大原则，我认为应该比现有的有关诽谤的立法更为严厉地去划界，任何让无辜的人的生活变得难以忍受的言论都应被禁止。即便是对一些人们确实做过或者说过的事情，如果经怀有敌意的报道后，会导致他们不受大家欢迎的话，也应禁止报道。然而，对此种恶的唯一最终解决之道在于提高公众的容忍度。增加容忍度的最佳办法是大大增加享有真正幸福的人的数量，人在享有真正的幸福后就不会再以同类的痛苦为其主要的快乐。

第二部分

幸福的原因

第十章　幸福还可能吗?

到目前为止，我们都在讨论不幸福的人。现在我们开始愉快一些的任务，讨论幸福的人。从我和一些朋友的交谈以及他们的书中，我几乎已经得出了在当代世界幸福已经变得不可能这一结论。然而，我发现，通过自我反省、去国外旅行以及和我的园丁交谈，这样的观点趋向于消失了。在前面有一章中我已经讨论了我的文学界的朋友们的不幸福，在本章中我想对在我生活中有印象的幸福的人作一个概述。

幸福有两种，不过当然存在不同程度的处于两种之间的情形。我所说的这两种幸福可以区分为平淡无奇的和需要想象的，或者肉体的和精神的，或者感性的和理性的。当然，在这些可选项中选哪个取决于要证明的命题。当下我并不要证明任何命题，而仅仅是去描述。也许，描述两类幸福之间区别的最简单的办法就是认为一类幸福所有人都可能得到，另一类幸福只有会读写的人才可能得到。当我还是男孩时，我认识一个充满着幸福的人，他以打井为业。他身材高大，肌肉惊人。他既不会读也不会写，在 1885 年当他拿到选举下议院议员的选票时，他第一次知道有这样一个机构存在。他的幸福并不依赖于智识来源。他的幸福不基于对自然法的信念，或者物种的完备性的信念，或者公用事业公有的信念，或者“基督复临安息日会”教友们最终胜利的信念，或者任何其他有知识的人认为享受生活所必需的信念。他的幸福基于身体的活力，充分的工作和克服那些并非不可克服的岩石状的障碍。我的园丁的幸福是相同类型的。他持续地与兔子作战，他说起兔子就像是伦敦警察厅说起布尔什维克主义者。他认为兔子阴险、狡猾、残忍，只配用同样狡诈的手段来对付。神话瓦尔哈拉中的神人每天杀死野猪，而每天傍晚杀死的野猪会奇迹般地在第二天早晨复活，就像这神人，我的园丁残杀他的敌人而无需担心第二天敌人会消失。虽然已经七十好几，他仍整天工作，上下班自行车骑行 16 英里山路。但是，他快乐的源泉永不枯竭，而这正是“它们兔子”提供的。

但是，你会说，像我们这样高层次的人是无法体会到这样平淡无奇的欢乐的。从与兔子这样微不足道的生物进行战斗中我们能体验到什么快乐呢？在我看来，这个论证是糟糕的。一只兔子比一个黄热病杆菌要大很多，然而一个高层次的人能够在与黄热病杆菌的战斗中找到幸福。就情感的满足而言，受过最高等教育的人也能体会到和我的园丁的快乐完全相似的快乐。教育所造成的差异只是在于获得快乐的行为方面。成功的快乐需要一些困难，这些困难让能否成功在事先看起来存有疑问，而最终往往能够取得成功。这也许是不高估自己的实力是幸福的一个源泉的主要原因。低估自己的人总是因为成功而感到惊讶，反之，高估自己的人总是因为失败而感到惊讶。前一种惊讶让人快乐，而后一种惊讶让人不快乐。所以，过于自负是不明智的，不过过于谦虚而没有进取心也是不明智的。

在社会上受过较高教育的群体中，当前最为幸福的是从事科学工作的人。许多他们中最为杰出的人情感简单，并能从他们的工作中获得巨大的满足，以至于他们能从食物甚至是婚姻中获得快乐。艺术家和文人认为他们的婚姻不幸福是符合潮流的、当然的，但是从事科学工作的人很普遍地仍能保持老式的家庭幸福。原因在于他们智力中的较高部分完全专注于他们的工作，而不会进入其不发挥作用的领域。在他们的工作中，他们是幸福的，因为在当代世界科学在不断发展前进而且有影响力，还因为他们自己或是外行人都不会去质疑科学的重要性。所以，他们不需要有复杂的情感，因为更为简单的情感并没有遇到障碍。情感的复杂性就像河中的泡沫。障碍物打破平稳流动的水流就会产生泡沫。但是只要关键的能量未受阻碍，就不会在表面产生涟漪，而其强度对于不注意的人而言是不明显的。

在从事科学工作的人的生活中，所有幸福的条件都已具备。他的行动充分地利用了他的能力，他所取得的成果不仅对他自己而且对普通大众，甚至是对这成果有最小程度的理解都无法做到的人，都显得重要。在这方面，他比艺术家要更为幸运。当公众无法理解一幅画或是一首诗时，他们得出的结论是这幅画不好或是这首诗不好。当他们无法理解相对论时，他们（正确地）得出的结论是他们自己所受的教育不够。结果，爱因斯坦受到了尊敬而最好的画家在阁楼中挨饿，爱因斯坦幸福而画家不幸福。在生活中要不断地用自我肯定来应对大批人的怀疑的话，很少有人能发自内心地感到幸福，除非他们能把他们自己封闭在一个小圈子里面，而忘却无情的外界。从事科学工作的人不需要小圈子，因为除了同行之外其他所有人都尊重他。相反，艺术家则处境艰难，不得不在被人鄙视和令人厌恶之间作出选择。如果他的才能是第一流的，那么他必然会遭受这些不幸中的一种——如果他施展才能，就会被人鄙视，而如果他不施展才能，就会令人厌恶。虽然尤利乌斯二世可能对米开朗基罗并不好，但是尤利乌斯二世从不认为米开朗基罗没有作画的能力。当代的百万富翁可能会在年老的艺术家失去影响力之后慷慨地给予其一些财富，但从不认为这些艺术家的工作和他自己的工作一样重要。也许这些情形和艺术家平均而言比从事科学工作的人要不幸福的事实之间有点关系。

我想必须承认的是，在西方国家最有知识的年轻人中往往有一种源自发现他们自己最好的才华无法充分施展的不幸福。然而，在东方国家不存在这种情况。现在，最有知识的年轻人在俄国大概比在世界任何其他地方要更为幸福。在那里，他们要去创造一个新世界，并有着据以去创造这个新世界的热烈信仰。年长者已经被处决、饿死、流放或者以其他方式无法发挥作用，所以他们不能像在每一个西方国家中一样强迫年轻人在为害和不作为之间作出选择。在老练的西方人看来，年轻的俄罗斯人的信仰也许显得粗糙，但是说到底，又能说出些什么来反对它呢？他正在创造一个新世界，这个新世界是他喜欢的样子，这个新世界在创造完成时几乎可以确定让普通的俄国人比在十月革命前要更幸福。也许这不是一个老练的西方知识分子如果生活在那里会觉得幸福的世界，但是老练的西方知识分子并不一定要生活在那里。

所以，从实用主义的角度考察，年轻俄国人的信仰是有正当理由的，将其斥之为粗糙并没有正当理由，除非是基于理论。

在印度、日本和中国，政治方面的外部环境影响着年轻知识阶层的幸福，但是没有那种存在于西方的内部的障碍。那里有一些年轻人觉得重要的行动，而一旦这些行动取得成功，年轻人就会幸福。他们觉得在国家生活中他们发挥着重要作用，而且所追求的目标虽然困难但并不是不可能实现的。作为舒适和无影响力相结合的结果，在西方受过最高等教育的男人和女人中愤世嫉俗非常常见。无影响力让人感觉没有值得去做的事情，而舒适让这种感觉带来的痛苦刚好可以忍受。在整个东方，大学生可以期望比在当代西方能对舆论产生更大的影响，但是取得一大笔收入的机会比在西方要小很多。在既不是没有影响力又不舒适的情况下，他成为了改革者或是革命者，而不是愤世嫉俗者。改革者或是革命者的幸福取决于公共事务的进程，但是很可能即便是在他要被处决之时，他所享受到的真正的幸福要胜过舒适的愤世嫉俗者所可能享受到的。我记得有一位来我校访问的年轻中国人，他要去中国一个偏保守的地方建设一所类似的学校。他预计结果是他会被砍头。尽管如此，他享受着平静的幸福，而我对这种平静的幸福只有忌妒的份。

但是，我并不是想说，这种崇高的幸福是唯一可能的幸福。事实上，只有小部分人有可能享有这种崇高的幸福，因为其所需的能力的种类和兴趣的宽度是普通人所不具备的。不是只有杰出的科学家才能从工作中获得快乐，也不是只有一流的政治家才能从倡导一项事业中获得快乐。任何能发展出某种特别技能的人都能享有工作的快乐，只要在不需要大家褒奖的情况下他能从施展他的技艺中获得满足。我曾认识一个人，他在少年的早期双腿就丧失了功能，但是他在漫长的生活中保持着平静的幸福。他是通过写作五卷本有关玫瑰疫病的图书来做到的，而在玫瑰疫病方面我一直认为他是一流的专家。我没有机会认识大量的贝壳学家，但从我认识的贝壳学家来看，我一直认为研究贝壳给他们带来满足。我曾认识一个人，他曾是世界上最好的排字工人，所有致力于创作艺术字的人们都找他。他的快乐与其说是来自那些不轻易给予他人尊重的人们所给予他的发自内心的尊重，倒不如说是来自施展他的技艺过程中的切实的喜悦，这种喜悦就和优秀的舞者在跳舞时获得的喜悦有着相似之处。我还认识一些排字工人，他们是排数学字体、景教手迹、楔形文字或者任何其他罕见的、难排的字体的能手。我不清楚他们的私人生活是否幸福，但是在他们工作时，他们的建设性的本能是得到充分满足的。

常说在我们的机器时代，工匠从技艺性的工作中获得快乐的机会比从前要少。我一点也不认为这是真实的情况：的确，现在有技艺的工人所做的事情与中世纪行会所关注的事情相比已截然不同，但是现在有技艺的工人在机器时代的经济中仍然是非常重要和颇为必要的。他们中有的人制作科学仪器和精密机械，有的人是设计师，有的人是航空机械师，有的人是司机，还有大量其他从事可以在几乎任何程度上施展技艺的职业的人。在相对落后的社会，据我尽最大能力的观察，农业劳动者和农民不如汽车司机或者火车司机来得幸福。的确，农民耕作他自己土地的工作多种多样，他要犁地、播种、收割。但是他得看天吃饭，深刻地意识到自己依赖于气候，与此相对，运转着现代机器的人则意识到力量，获得了人是自然力量的主人，而不是其奴隶的感觉。当然，确实对于数量庞大的重复机械操作的操作工而言，工作非常无趣，但是，越是无趣的工作，越是可能会让机器去完成。机器生产的最终目标是，所有无趣的工作由机器完成，而人类仍需要从事的工作是有着多变性和需要发挥主动性的工作。的确，我们现在距离这最终目标还很遥远。在已经实现机器生产的最终目标的世界里，工作比农业推行以来的任何时候都要更不令人生厌和令人消沉。为了减少饥饿的风险，人类决定忍受单调乏味而推行农业。在人们通过狩猎来获取食物的时代，工作是一件令人高兴的事情，这从现在的富人仍在把这祖先的工作当作娱乐这个事实中就能看出。但是，随着农业的推行，人类进入了漫长的卑下、悲惨和愚蠢的时代，直到今天人类才通过有益的机器运转得以从中解放出来。感伤主义者所说的与土地的接触和哈代（Hardy）①笔下达观的农民所具备的成熟的智慧固然不错，但是农村的每个年轻人的一个愿望就是在城镇找到工作，在城镇里他可以摆脱冬夜的风、天气和孤独的支配，进入工厂和电影院的可信赖的人文氛围。对普通人而言，交往与合作是幸福的基本要素，而在工业中获得的交往与合作比农业中要充分得多。

对许多人来说，有一个信念是幸福的一个源泉。现在我所想到的并不只是受压迫国家中的革命主义者、社会主义者和民族主义者等，我还想到许多更为卑微的信念。我所认识的相信英国人从前就是现已消失的古以色列人十支族的人几乎总是幸福的，而相信英国人从前只是十支族中以法莲和玛拿西两个支族的人则是快乐无限的。我并不是在建议读者接受这样的信念，因为我不能

① 托马斯·哈代（Thomas Hardy，1840—1928），英国诗人、小说家。——译者注

倡导建立于在我看来是错误的信念之上的幸福。出于同样的理由，我不能要求读者去相信应该完全根据自己的偏好去生活，虽然据我观察这个信念可以一直确保完全的幸福。但是，找到一些并不是想象出来的事是容易的，而真正对任何这样的事感兴趣的人就可以在闲暇时有所事事，从而完全消除生活空虚的感觉。

与致力于不重要的事并不相去甚远的是沉迷于一种癖好。在世的最为杰出的数学家中的一位把他的时间在数学和集邮之间均分。我想这是因为当他在数学上没有进展之时集邮为他提供了安慰。集邮所能治愈的伤痛不只是证明数论猜想的困难一种，而所能收集的东西也不只是邮票一种。试想，当一个人想到旧瓷器、鼻烟壶、罗马古币、弓箭头和燧石工具的时候，打开了多么范围广阔的欢乐。的确，我们很多人对于这些简单的快乐过于“超越”了。我们在少年时都体验过这些简单的快乐，但是出于某些原因认为体验这些简单的快乐对于成年人是不合适的。这完全是错误的，任何对其他人不造成损害的快乐都是有价值的。就我自己而言，我喜欢到各条河中游泳。我从伏尔加河和长江中获得快乐。我很遗憾至今没去过亚马逊河和奥里诺科河。虽然这些情感那样简单，但我并不以此为耻。再来试想棒球迷的狂喜，他急切地要看报纸，要听让他最为兴奋的收音机节目。我记得第一次见一位文学家，他是美国最为杰出的文学家之一，我曾根据他的作品猜测他充满着忧郁。但是发生了这样的事，在最为关键的棒球比赛结果从收音机里传来的那一刻，他忘了我，忘了文学，忘了所有其他尘世生活中的悲伤，为他最为喜欢的球队获胜而欢呼。自从这件事之后，我在读他的作品时，不再为其中人物的不幸而感到沮丧。

然而，在很多情况下，也许是在大多数情况下，狂热和癖好并不是根本的幸福的源泉，而是一种逃避现实的手段，一种忘记此刻难以面对的痛苦的手段。根本的幸福所最为依赖的，是可被称为对人和物友善的兴趣。

对人友善的兴趣是一种形式的深情，而不是一味攫取的、占有的、总是寻求强烈回应的那种形式。后一种形式常常是不幸福的源泉。产生幸福的那种人是喜欢观察人们并从他们的个性中发现乐趣的那种人，这种人愿意为与其接触的人们提供产生兴趣和欢乐的机会，而不期望能控制他们或者得到他们热烈的崇拜。对他人的态度真正是这种类型的人将会是一个幸福的源泉，并且能收获作为回应的善意。他和其他人之间的关系，无论是松散的还是密切的，都既能满足他的兴趣也能满足他的情感。他不会因为其他人忘恩负义而闷闷不乐，因为他很少会遇到这种情况，而且在遇到时他也不会在意。有些怪癖会让别人的神经达到愤怒，而对他则是一种高雅的消遣。别人经过长期努力后发现无法获得的结果，他可以不费力地取得。因为他自己幸福，所以他是一个快乐的伙伴，而这反过来又增进了他的幸福。但所有这些必须是发自内心的，而不能是源于由责任感激发的自我牺牲的想法。责任感在工作中是有益的，但在私人关系中则是令人不适的。人希望被其他人喜欢，而不是耐着性子勉强接受。不费力而自发地喜欢许多人也许是人际关系幸福的所有源泉中最为巨大的。

在上文中我还说到了对物的友善的兴趣。我所说的“对物的友善的兴趣”也许看上去有些牵强，可能有人会说不可能对物感到友善。不过，在地质学家对于岩石的兴趣和考古学家对于遗址的兴趣中，还是有一些与友善类似的东西的，而这种兴趣应该成为我们对其他个人和社会的态度中的一个基本要素。对物的兴趣有可能是敌意的，而非友善的。一个人收集有关蜘蛛栖息地的情况，可能是因为他讨厌蜘蛛，想要去蜘蛛少的地方生活。这种类型的兴趣无法给予地质学家从岩石中所获得的那种满足。作为每天幸福的一个因素而言，对没有人情的物的兴趣也许没有对我们同类的友善态度来得有价值，但也是非常重要的。世界广阔，而我们自己的力量有限。如果我们把全部的幸福都完全限定在我们自己的圈子之内，我们对于生活所索取的很难不超过生活所能给予的。而索取过多一定会导致获得的比原来可能获得的还要少。一个能够通过对诸如特兰托公会议①或者恒星生命史这样的事的真正关注而忘记自己忧虑的人，当他从没有人情的世界旅行归来时，他会发现他获得了能让他以最佳的方式处理他所忧虑之事的沉着和冷静，同时他也会体验到即便是暂时的，但却是真正的幸福。

幸福的秘密就是：让你的兴趣尽可能的广泛，并对你所感兴趣的事物和人作出尽可能友善而非有敌意的反应。

接下来的几章将对本章中对幸福可能性的初步考察予以展开，并就如何避开痛苦的心理源泉的方法给出一些建议。

① 特兰托公会议（The Council of Trent），1545 年至 1563 年间天主教在意大利特兰托举行的宗教会议，旨在反对宗教改革运动，维护天主教的地位。

第十一章　兴致

在本章中，我打算讨论在我看来是幸福的人们最为普遍和明显的特征，即兴致。

也许理解兴致意味着什么的最佳方法是去考虑人们在坐下来用餐时的不同行为方式。对某些人来说，用餐纯粹是一件无趣的事情。无论什么佳肴，他们都觉得无趣。之前他们就品尝过佳肴，很可能几乎他们每顿吃的都是佳肴。他们从不知道从没饭吃到饥饿难忍是一种什么样的滋味，而是把吃饭看作仅仅是由他们所处的社会的时尚所确定的惯例。像其他所有事情一样，用餐是令人厌烦的，但是大发牢骚也没什么用，因为其他所有事情也一样令人厌烦。再者，有些病弱者出于一种义务感去用餐，因为医生告诉他们为了保持体力有必要补充一些营养。再者，有些对吃讲究的人，在开始吃时满怀希望，但发现没有一样东西烹调到应该达到的水准。再者，有些狼吞虎咽的人以急切的贪婪扑向他们的食物，吃得过量，因此患多血症和打呼噜。最后，有些人在开始吃时有着好的食欲，对他们的食物感到满意，吃够时就停下来。前面写的那些人在面对生活的盛宴时，对于生活所给予的美好事物也有着类似的态度。幸福的人对应的是我们前面提到的各种进餐的人中的最后一种。其中与食物相关联的是饥饿，而与生活相关联的是兴致。对用餐感到无趣的人对应的是有着拜伦式不幸福的患者。出于义务感去用餐的病弱者对应的是禁欲主义者，狼吞虎咽的人对应的是纵欲者。对吃讲究的人对应的是挑剔的人，挑剔的人会把生活中的一半乐事看成不是什么美事。说也奇怪，可能除了狼吞虎咽的人以外，所有这些类型的人都鄙视有着健康食欲的人，并自视比有着健康食欲的人层次更高。在他们看来，因为你饥饿而享受食物或者因为生活提供了形形色色有趣的场面和令人惊讶的经历而享受生活是庸俗的。从他们的觉醒的高度，他们俯视那些被他们鄙视为简单的灵魂的人们。就我而言，我不赞同这种观点。在我看来，这些觉醒都是一种病，的确，某些环境可能会让这种病不可避免，但是尽管如此，当这种病发生的时候，还是应该尽快被治愈，而不是被当作更高形式的智慧。假设一个人喜欢草莓而另一个人不喜欢，后者在哪个方面比前者更好呢？并不存在抽象、客观的证据来证明草莓好或者不好。对于喜欢它们的人而言，它们就是好的。对于不喜欢它们的人而言，它们就是不好的。但是喜欢它们的人有着不喜欢它们的人所没有的乐趣。就此而言，喜欢它们的人的生活更有乐趣，而且喜欢它们的人更好地适应了这个大家必须生活于其中的世界。在这个细小的例子中成立的道理在更为重要的事情中也同样成立。喜欢看足球比赛的人在这个方面就比不喜欢看的人要来得好。喜欢阅读的人更是比不喜欢阅读的人要来得好，因为阅读的机会比看足球比赛的机会更多。一个人感兴趣的事物越多，他获得幸福的机会就越多，而且他越不会任由命运的摆布，因为如果他失去一件事物，他还能够转而依靠别的事物。人生短暂，不可能对所有事物都产生兴趣，但是对填充我们的时间所需要的那么多事物感兴趣是有益的。我们所有人都有得内向的人的疾病的倾向。内向的人在面对世界展现在他之前的丰富多彩的场面时，转头不看而仅仅凝视其中的空虚。但是我们不要去假想内向的人的不幸福之中有什么伟大之处。

从前有两台制作香肠的机器，奇妙的设计让这两台机器能把猪变成最美味的香肠。其中一台机器保持着对猪的兴致并制作了无数香肠，而另一台机器则说："猪对我算什么？我自己的工作比任何猪都要来得有趣而精彩得多。"它把猪推在一边，开始研究自己的内部。在没有了的正常的食物之后，它的内部停止工作，它越是研究自己内部，就越是觉得自己空虚和愚蠢。所有曾经把猪变成美味香肠的器械都还在那里，而它在茫然地猜测这些器械能有什么用处。第二台制作香肠的机器就像是失去了兴致的人，而第一台制作香肠的机器就像是还保持着兴致的人。头脑是一部奇特的机器，它能够把提供给它的材料以最令人惊讶的方式结合起来。但是，如果没有从外部世界获得材料的话，头脑就是无力的。而且与制作香肠的机器不同，头脑必须为自己抓取材料，因为只有我们对发生的事情感兴趣，这样发生的事情才能够成为我们的经验，如果发生的事情不能够让我们感兴趣，我们就什么都不会去做。所以，注意力向着自己内部的人会发现没什么值得注意的事情，与此相对，注意力向着自己外部的人在偶尔审视自己内心的时刻会发现，最为多样和有趣的各种原料已经被刨开并重新结合成为美丽的或者有启发性的样式。

兴致的种类数不胜数。我们记得，夏洛克·福尔摩斯在街上偶然捡到了一顶帽子。对着帽子看了一会儿后，福尔摩斯评论道，帽子的主人因为酗酒而家道中落，妻子也不像以前那样喜欢他了。对于一个偶然的事物可以提供如此丰富兴趣的人而言，生活绝不可能是令人生厌的。想一下在乡间道路上能够见到的各种不同事物。有的人可能对鸟儿感兴趣，有的人可能对植物感兴趣，有的人可能对地质感兴趣，还有的人可能对农艺感兴趣，等等。这些事物中的任何一个如果让你感兴趣的话，那它就是有趣的，其他事物也都一样。对其中任何一个感兴趣的人比不感兴趣的人要更好地适应这个世界。

再者，不同的人对于同胞的态度也是有着天壤之别。在长途火车旅行过程中，一个人完全不去观察任何一名同行旅客，而另一个人则把同行的旅客全都总结起来，分析他们的性格，对他们的境况作一些敏锐的猜测，也许甚至弄清了他们中某些人最为隐秘的历史。人在弄清其他人情况方面差异有多大，人在对其他人的感觉方面差异也就有多大。某些人发现几乎所有人都令人生厌，而另一些人则能与他们所接触的人快速容易地建立起友好的情感，除非是另有某些确定的情感原因。再以旅行这样的事为例，有些人旅行过很多国家，一直住最好的宾馆，吃的东西和他们在国内吃的一样，去见的人也是和他们在国内见的人一样是些游手好闲的富人，讨论着和在自己家餐桌上所讨论的一样的话题。当他们旅行回来时，他们唯一的感觉就是从在昂贵的移动过程中所体验到的厌烦中解脱出来了。另一些人，无论他们去哪里，都去看最有特色的东西，结识当地最为典型的人，去看历史上或者社会上有趣的事，吃当地的食物，学习当地的礼仪和语言，回家之后在冬天的晚上有着一大堆新的有乐趣的记忆。

在所有这些不同的情境中，对生活有兴致的人比对生活没有兴致的人要更有优势。对于有兴致的人而言，即便是不愉快的经历也有其用处。我很高兴我曾经闻到过中国人人群中的味道和西西里岛村民中的味道，虽然我不能假装在闻到的时候我有着很大的快乐。有冒险精神的人能从沉船、暴动、地震、火灾以及所有类型的不愉快的经历中获得快乐，只要这些经历没有严重到损害其健康的程度。例如，在地震中，他们会对自己说，“地震原来是这个样子的”，对这个世界的知识增加了这个新的内容给了他们快乐。这并不是说这些人已经摆脱了命运的摆布，因为一旦他们失去了健康，他们就很可能会同时失去兴致，虽然这绝不是一定的。我曾认识一些人，他们在去世前最后数年中经历着慢慢的折磨，但是他们几乎直到最后一刻仍保持着他们的兴致。某些形式的疾病会摧毁兴致，而另一些则不会。我不知道生化学家最终能否对此作出区分。也许当生化学取得进展之后，我们吃点药就能够保证对任何事物都有兴趣，但是在那一天到来之前，我们不得不依赖对生活的常识性观察来判断是什么导致有些人对任何事物都感兴趣，而是什么迫使其他人对什么都不感兴趣。

兴致有时是普通的，有时是特别的。确实有时可以非常特别。博罗（Borrow）[①] 的读者也许会记得在《罗曼·罗依》（*Romany Rye*）中出现的一个人物。他失去了深爱的妻子，一时感到生活变得完全的空洞。但他对茶壶和茶叶箱上的中文题词产

① 乔治·博罗（George Borrow，1803—1881），英国作家、语言学家。——译者注

生了兴趣，在一本法文写就的有关中文语法的书帮助下，他渐渐尝试去解读这些中文题词，为此他还特意学习了法文。虽然他没有把中文知识用在其他地方，他从解读这些中文题词中获得了新的生活兴趣。我曾认识一些人完全专注于寻找收集所有的诺斯替派的（Gnostic）异端邪说，而另一些人的主要兴趣在于整理霍布斯图书的原稿和早期版本。事先去猜测一个人会对什么感兴趣几乎是不可能的，但大多数人能够对这样或者那样的事物有热烈的兴趣，而一旦有这样一种兴趣激发起来，他们的生活就能免于单调贫乏。然而，与对生活的普通的兴致相比，非常特别的兴趣是幸福的较为不令人满意的来源，因为非常特别的兴趣很难填满一个人所有的时间，而且总是存在着这样的危险，即他可能会知晓有关这已经成为他癖好的特别的事物所能知晓的一切。

还记得在我们提到的宴会上不同种类的人中有一类狼吞虎咽的人。我们不打算去褒奖这些狼吞虎咽的人。读者也许会认为，我们一直在褒奖的饶有兴致的人和这些狼吞虎咽的人无法用可以辨别的方法来加以区分。现在是时候我们必须把这两类人作出更为清楚的区分了。

大家都知道，古人把节制当作基本的美德之一。在浪漫主义和法国大革命的影响下，很多人抛弃了这个观念，反倒是压倒性的激情得到了颂扬，即便是拜伦笔下主人公所具有的毁灭性的、反社会的激情。然而，古人显然是正确的。在良善的生活中，必须在不同活动之间保持平衡，不能某一样过多而导致其他的变得不可能。狼吞虎咽的人牺牲了进食中其他的所有乐趣，这样就减少了生活的总的幸福。除了进食以外的其他爱好也会有类似的过度的情况。约瑟芬皇后就是服装方面“狼吞虎咽的人”。起初拿破仑总是支付她裁缝的账单，虽然拿破仑的抗议在持续不断地高涨。最终，拿破仑告诉约瑟芬皇后，让她真的必须学会节制，将来他只会对她的金额合理的账单予以付款。当她的下一张裁缝的账单到来的时候，她一时不知所措，但是她不久为自己想出了一个诡计。她跑到作战部长那里，要求作战部长从军费中支付她的账单。因为作战部长知道她有权把他免职，所以就支付了账单，结果法国输掉了热那亚。至少有几本书是这么说的，虽然我不打算担保这件事的真实性。无论这件事是真实的还是夸张的，我们放在这里讲都是合适的，因为在这里这件事用以展示一个女人有机会沉湎其中的话，对服装的爱好可以变得多离谱。嗜酒症患者和女色情狂是相同类型的明显例子。在这些事物中的原理是很明显的。所有我们的不同的爱好和欲望都要与生活的总体框架相匹配。如果这些爱好和欲望要成为幸福的源泉，它们必须和健康相协调，和我们所爱的人的情感相协调，和我们所身处的社会的尊重相协调。有些爱好可以被纵容到几乎任何程度都不会超越这些限度，其他爱好则不行。让我们举例来说，一个人喜欢国际象棋，如果他恰好是能够独立谋生的单身汉，他不需要对他的爱好作出任何限制，然而如果他有妻子且子女又不能够独立谋生，他就不得不对他的爱好作出严厉的限制了。嗜酒症患者和狼吞虎咽的人，即便他们没有什么社会联系，从利己主义的角度来看也是不明智的，因为他们的纵容会给健康带来影响，几分钟的快乐换回的是几小时的痛苦。某些事物构成了一个框架，任何不同的爱好都必须在这个框架内，否则这些爱好就会成为痛苦的源泉。这些事物是健康、感官正常、足以提供生活所必需的收入和最为基本的社会责任，诸如对妻子和子女的责任。牺牲这些事物去下国际象棋的人本质上和嗜酒症患者一样糟糕。我们对他责备的不那么严厉的唯一原因就是他这样的人很不常见，而且只有具备有些少见的能力的人才会对下棋这样的智力活动予以专注。希腊式的节制实际上涵盖了这些情形。一个在白天工作时一直盼望着晚上的对弈的国际象棋爱好者是幸运的，而为了整天下国际象棋而放弃工作的人则丧失了节制的美德。据记载，托尔斯泰在很年轻、不思悔改的时候曾因在战场上的英勇而被授予军事十字勋章，但是当他领奖的时间就要到的时候，他专注于下棋而决定不去领奖。我们几乎无法就此找出托尔斯泰有什么错，因为对他来说这似乎就是他对于是否得到军事奖励漠不关心，但是对于一个小人物，这样的行为就会是一件蠢事。

作为对前面刚刚所阐述的信条的限定，应当承认某些行为被认为是本质上崇高的，以至于为此牺牲任何其他事物都可以被认为是正当的。一个为了保卫他的国家而失去生命的人，如果因此导致他所留下他的妻子和孩子一贫如洗，他也不会受到责备。一个为了作出某些重大的科学发现或是发明而从事实验工作的人，如果他的努力得到了最终的成功，那么后来他也不会因为他让他的家庭忍受贫困而受到责备。然而，如果他没能取得他所试图取得的科学发现或是发明，舆论会责备他是个古怪的人，这看起来似乎不公平，因为没有从事这样事业的人能够事先确保能取得成功。在公元纪年的第一个千年，一个人为了圣徒的生活而抛弃家庭是得到赞扬的，虽然今日人们会认为他应该为他的家庭提供些什么。

我认为，在狼吞虎咽的人和具有健康食欲的人之间一直存在着某些深层的心理差异。以牺牲其他所有为代价而让一个欲望发展过度的人往往是有着某些深层问题的人，他在试图逃避恐惧。在嗜酒症患者的情形中，这很明显：喝酒是为了忘掉。如果他们在生活中没有恐惧，他们就不会觉得喝醉比清醒要更为惬意。正如传说中中国人所说："我喝酒不是为了喝酒，我喝酒是为了喝醉。"这是典型的完全过度和片面的爱好。所寻求的并不是事物本身的快乐，而是遗忘。然而，以醉酒的方式来寻求遗忘和通过以可取的方式调动官能来寻求遗忘之间存在着巨大的差异。博罗的朋友为了能忍受失去妻子的痛苦而自学中文是在寻求遗忘，但是他对寻求遗忘所采取的行动没有有害的效果，相反增进了他的智力和知识。对这种形式的逃避无可非议。对于以饮酒、赌博或者其他形式的无益的刺激来寻求遗忘的人则不然。的确，存在着处于临界的情形。我们该如何说一个因为生活变得令他烦恼而疯狂从事飞行冒险或是登山冒险的人呢？如果他的冒险是为了公共的目的，我们可以钦佩他。但如果不是的话，我们应该把他置于略高于赌徒或者酒鬼的位置。

发自内心的而不是实际上是寻求遗忘的那种兴致，是人类天性的一部分，除了兴致已被不幸的环境摧毁的情况之外。年轻的孩子对他们所看到和听到的一切都感兴趣，而且他们对于追求知识有着持久的热情，当然，他们所追求的知识不是学校里的知识，而是那种能够通晓吸引他们注意力的事物的知识。动物只要是健康的话，即便到了成年仍保持着兴致。一只猫在一个不熟悉的房间内就不会停下来，直到它心存在某处能闻到老鼠味道的侥幸嗅遍每一个角落。没有在根本上受挫的人会保持着他对外部世界的天然兴趣，而只要他保持着就能发现生活的乐趣，除非他的自由受到了过度的限制。文明社会中兴致的缺乏很大程度上是由于对自由的限制，而这种限制对于我们的生活方式已是必不可少。野人在他饥饿的时候去打猎，这么做是遵循直接的冲动。每个早晨在确定的时间点去工作的人在根本上也是受同样的冲动，即由保持生活的需求所激发，但是在他这种情形中，这冲动不是以直接的方式并在感受到的时候发挥作用，这冲动通过抽象、信念和意志以间接的方式发挥作用。在这个人起身去上班的时候，他不感到饥饿，因为他刚刚吃过早餐。他只是知道饥饿会一再重复发生，而去工作是满足将来发生的饥饿的一种手段。冲动是无规律的，然而在文明社会中，惯常行为必须是规律的。在野人中，甚至是采集者群体中，只要冲动存在，就是自发的并会凭着冲动去行事。当部落要去战斗时，桶子鼓激发起战斗热情，而人群的兴奋鼓舞着每个个体去做需要的行动。当代团体无法用这种方法去管理。当一列火车要在确定的时点启程时，不可能用原始部落的音乐去让行李员、机车司机和信号员开展工作。仅仅因为这是必须做的，所以他们必须各自做自己的工作。也就是说，他们的动机是间接的：他们对于行动没有冲动，而是对行动所取得的最终回报有冲动。大量的社会生活都有这同样的缺点。人们彼此交谈，并不是出于彼此交谈的愿望，而是因为他们希望能从合作中最终获得利益。在生活中的每一刻，文明人被对冲动的限制包围：如果他感到高兴，他也不能在街上唱歌、跳舞；而如果他感到悲伤，他也不能坐在人行道上哭泣，唯恐妨碍了行人的交通。在青少年时，自由在学校里受到限制。在成年人生活中，自由在上班时间受到限制。所有这些使得保持兴致更为困难，因为持久的限制往往会产生疲倦和厌烦。不过，文明社会不可能不对自发的冲动施以非常强程度的限制，因为自发的冲动只能产生最简单形式的社会合作，而不能产生当代经济组织所需要的高度复杂形式的社会合作。为了越过这些对兴致产生的阻碍，一个人需要健康和充沛的精力，或者如果他的运气好，发现他对工作本身是有兴趣的。据统计数据显示，在过去一百年间在所有文明国家健康都在稳定地提升，但是对精力的度量则更加困难，我怀疑在健康的情况下身体的力量现在是否和以前一样强。现在的这个问题在很大程度上是一个社会问题，在本书中我并不打算对此作为社会问题予以探讨。然而，这个问题也有个人和心理的方面，这在和疲惫相关的地方我们已经探讨过。有些人尽管受到了文明生活的阻碍仍然保持着兴致，而许多人如果能够从消耗了他们大部分精力的内在心理冲突中解脱出来的话，也能仍然保持着兴致。兴致需要在为必要的工作提供充沛的精力之余还有精力，而这又要求心理机器的顺畅运转。有关促进工作顺畅的原因，我在后面几章中还有更多的阐述。

就女人而言，虽然现在比以前要少了，但是仍然在很大程度上兴致被一种错误的有关体面的观念大大减少了。女人对男人表现出明显的兴趣或者在公众场合表现得过于活泼曾被认为是不可取的。在学会对男人不感兴趣后，她们往往学会了对任何事物都不感兴趣，或者至少对除了确定种类的正确行为以外的任何事物都不感兴趣。教导一种对生活消极和退缩的态度显然就是在教导某种有损兴致的东西，这会助长某种对自我的专注，这种对自我的专注是受到高度尊重的女人的特征，特别是当女人没有受过教育时。不像普通男人，她们对运动不感兴趣。她们对政治漠不关心。她们对男人是一种一本正经而冷漠的态度。她们对女人是一种含蓄的带有敌意的态度，这种态度基于她们确信其他女人比她们自己要不体面。她们自夸她们保持了自我，也就是说，根据美德她们对出现在她们面前的同胞缺乏兴趣。然而，她们是应得到巨大同情的压制体系的受害者，而她们并没能意识到这压制体系的巨大错误。对这些女人来说，所有不友善的似乎都是好的，而所有友善的似乎都是不好的。在她们自己的社交圈中，她们竭尽所能去扼杀欢乐，在政治上她们喜欢压制性的立法。幸运的是，这种类型的人正在变得不常见，但是仍然比生活在不受束缚的圈子中的人们所料想的要普遍得多。对这个说法表示怀疑的人，我建议他去一些有房间出租的房子那里转一圈，注意一下他在找房子过程中遇到的女房东。他会发现这些女房东生活在一种有关女性美德的观念之中，这种观念将摧毁对生活的兴致作为其关键部分，结果就是她们的头脑和心灵都没能得到充分发展。正确的想法是认为男性美德和女性美德之间不存在差别，至少是不存在传统所反复灌输的那种差别。就像对男人一样，对女人而言，兴致是幸福和安乐的秘密。

第十二章　喜爱

感觉到自己没有人爱是一个人缺乏兴致的主要原因之一，反之，感觉到被爱比其他任何事物都更能提升兴致。一个人感觉到自己没有人爱可能出于各种各样的原因。他可能认为自己是一个糟糕到不可能有人爱上他的人。他可能在孩提时代就已经不得不习惯于自己比其他孩子得到更少的爱。或者他可能事实上就是一个没有人爱的人。但是，在最后一种情况中，原因很可能在于早年时的不幸导致缺乏自信。感觉到自己没有人爱的人可能对此采取各种各样的态度。他可能会拼命努力去赢得喜爱，很可能是通过超乎寻常的友好举动。但是，这样做他很可能是不会成功的，因为友好行为的受益者们容易觉察到友好的动机，而人的天性会最乐意把喜爱给那些似乎最不要求得到的人们。所以，努力用友好举动去换取喜爱的人会因体验到忘恩负义而大失所望。他从未想过他所试图要换得的喜爱远比他作为对价所换出的物质利益要更有价值，然而他感觉到这价值的差别正是他举动的基础。还有人在觉察到他自己没有人爱后，可能会试图报复全世界，至于报复的方法，可以是挑动战争和革命或者像斯威夫特大教长（Dean Swift）①那样讽刺写作。这种对不幸的反应艰苦卓绝，需要一种足以使一个人让他自己和剩下的全世界相对立的性格力量。很少有人能达到这种高度。绝大多数男人和女人如果觉得他们没有人爱的话会陷入胆怯的绝望之中，只有在偶尔一闪的忌妒和怨恨时这绝望才有所缓和。一般说来，这样的人的生活会变得极端地以自我为中心，而且没有喜爱给了他们一种不安全感，他们本能地通过让习惯彻底而完全地主宰他们的生活从这种不安全感中逃脱出来。因为那些让自己甘愿受制于一成不变的常规的人们，一般是出于对外部世界的寒冷的恐惧，并认为如果他们走之前走过的路，就不会撞到这寒冷的外部世界。

面对生活有着安全感的人们比面对生活没有安全感的人们要幸福得多，至少是在他们的安全感不会给他们带来灾难的情况下是如此。虽然不是在全部情况下，在很多情况下，安全感本身就能帮助一个人躲过另一个没有安全感的人无法躲过的危险。如果你行走在峡谷上的一条窄木板上，如果你觉得恐惧，那么掉下去的可能性要比你不觉得恐惧要高得多。而且同样的道理适用于生活中的行为。当然，无所畏惧的人可能会碰到突然而至的灾难，但是，他可能能够度过许多困难的境地而不受伤害，而在这些困难的境地中一个胆怯的人则会受到伤害。当然，这种有益的自信有很多形式。有的人对爬山有自信，有的人对航海有自信，还有的人对飞行有自信。但是，一个人惯常能得到他所需要的那种喜

① 乔纳森·斯威夫特（Jonathan Swift，1667—1745），爱尔兰作家，《格列佛游记》的作者。——译者注

爱比其他任何事物都更能够为他带来对生活的整体自信。而我想要在本章中阐述的正是将这种心理习惯认为是兴致的一种源泉。

产生这种安全感的是得到的喜爱，而不是付出的喜爱，虽然产生安全感的喜爱中大多数是相互的。严格的说，不仅是喜爱，钦佩也能产生这种效果。其职业是要获得公众钦佩的人，例如演员、牧师、演说家和政治家，会越来越依赖于掌声。当他们得到公众认可这样的适当回报时，他们的生活就充满了兴致。当他们得不到时，他们变得不满并且以自我为中心。他们从大众处得到的分散的善意正像是其他人从很少的人那里得到的更为集中的善意。一个得父母喜爱的孩子把父母的喜爱看作是自然规律。他不会对此想太多，虽然这对于他的幸福非常重要。他想的是世界，是他将来的奇遇，是他将来长大后更为不可思议的奇遇。但是，在这对外界的兴趣的背后，是一种如有灾难他会受父母的喜爱所保护的感觉。因任何原因没有得到父母喜爱的孩子往往会变得胆怯而不愿冒险，充满着恐惧和自怜，不再能以快乐的开拓心态面对世界。这样的孩子可能会在小得令人吃惊的年龄就去沉思生死和人的宿命。他会成为一个性格内向的人，起初闷闷不乐，最终从某些哲学或神学体系中寻得非现实的安慰。世界是一个错落不齐的地方，无规律地包含着令人愉快的和令人不快的事物。而要从中发现清楚的体系或者范式说到底是恐惧的结果，事实上是一种远离安全之地的陌生环境恐惧症或者对开放空间的恐惧。胆怯的学习者在他的书房之中会感到安全。如果他能说服自己宇宙和他的书房有条理程度一样的话，当他不得不冒险上街时他能感到几乎一样的安全。这样的人，如果他曾得到更多的喜爱的话，他就会对现实世界有更少的恐惧，也就不会不得不去编造一个理想的世界以放进他的信念中。

然而，绝不是所有喜爱都有促进喜欢冒险的效果。付出的喜爱必须自身是强健的，而不是胆怯的，就其目标而言，期望卓越甚于安全，当然虽然不是对安全全然不顾。如果一位胆怯的母亲或者保姆，总是警告孩子预防可能发生的灾难，认为每一条狗都会咬人，把每一头奶牛都当作公牛对待的话，会导致孩子和她一样胆怯，还会导致孩子除非和她紧紧相依，否则就会感到不安全。对于有着过度控制欲的母亲，她会欣然接受孩子的这种感觉，她会期望孩子依赖于她甚于孩子有能力应对这个世界。在那种情况下，长期来看，她的孩子很可能比从来都没被爱过更糟糕。早年形成的心理习惯往往会贯穿一生。许多人坠入爱河是为了寻找一个躲避世界的小港湾，在这小港湾里他们能够确信在自己不值得被钦佩时得到钦佩，在不值得被称赞时得到称赞。对于很多男人来说，家是逃避现实的地方，正是他们的恐惧和胆怯使得他们乐于结伴，而在这结伴关系中这些恐惧和胆怯的情感得以平息。他们从他们的妻子那里寻求他们之前从一个不理智的母亲那里所获得的东西，然而如果他们的妻子把他们当作已经长大的孩子，他们还会感到惊讶。

要解释清楚喜爱的最佳类型是不完全容易的，因为显然在喜爱之中会有一些保护性的成分。我们不会对我们所爱的人受到伤害而无动于衷。然而，我认为，有别于对于已经实际发生的不幸的同情，对不幸的忧惧应该在喜爱中占据尽可能小的部分。为其他人担心只是比为我们自己担心好一点点。再者，为其他人担心常常是对占有欲的一种掩饰。为其他人担心的人所希望的是，通过激起他们的恐惧来获得对他们更为完整的控制。当然，这就是男人喜欢胆怯的女人的原因之一，因为通过保护胆怯的女人，男人就能拥有胆怯的女人。一个人得到多少关怀而不至于让他自己受损取决于他的性格，坚毅而有冒险精神的人能够得到很多关怀而不至于受损，反之胆怯的人应该要少一些。

得到的喜爱有双重的功效。至今我们所阐述的是和安全有关的，但是在成年人的生活中，它还有更为基础的生理作用，即为人父母。对于任何一个男人或者女人来说，无法激起性爱都是巨大的不幸，因为其被剥夺了生活所给予的最大的欢乐。这种剥夺几乎可以确定或早或晚会摧毁兴致，并导致性格内向。然而，经常出现的情况是孩提时代的在先的不幸导致性格缺陷，这性格缺陷再成为之后无法获得爱的原因。相对于女人而言，对于男人情况更是如此，因为整体而言，女人是因为男人的性格而爱上男人，而男人是因为女人的外表而爱上女人。就这方面而言，必须要说男人不如女人，因为整体而言男人所喜欢的女人身上的优点不如女人所喜欢的男人身上的优点可取。然而，我绝不是说，获得好的性格比获得好的外表要更为容易。不管怎样，女人对于获得好的外表所需要采取的措施的了解程度以及采取这些措施的乐意程度都要胜过男人对于获得好的性格所需要采取措施的了解程度以及采取这些措施的乐意程度。

我们到现在为止阐述的是一个人作为接收者的喜爱。现在我想要阐述一个人付出的喜爱。这也有两种不同的类型，一种也许是对生活的兴致的最为重要的表达，而另一种是恐惧的表达。在我看来，前者是完全令人赞赏的，而后者最多算是个安慰。如果在一个好天气你在一艘船上沿着风景优美的海岸航行，你会称赞这海岸并为此感到快乐。这种快乐是完全来自外在的观看，和任何你自己急切的需求无关。另一种情况，如果你的船沉了，你游向海岸，你对海岸就有一种新的爱：海岸代表了免受海浪威胁的安全，而海岸风景优美还是丑陋则成为一个不重要的事情。较好类型的喜爱对应的是船安全情况下人的感觉，较差类型的喜爱对应的是船沉之后游泳的人的感觉。这些种类的喜爱中的第一种只有在一个人感到安全时才有可能，或者至少是在对困扰他的危险不关心的时候才有可能。相反，后一种则是由不安全感所引起的。不安全所引起的情感比其他的情感要更为主观和以自我为中心得多，因为用来衡量被爱的人的是他所提供的帮助而不是他的内在品质。然而，我并不是想说，这类喜爱在生活中起不到合理的作用。事实上，几乎所有现实中的喜爱都是包含有两种喜爱的某种结合，而只要喜爱确实能治愈不安全感，它就能让一个人重新感受到对世界的兴趣，而这兴趣曾在感到危险和恐惧的时刻被隐藏了起来。但是，在承认这种喜爱在生活中起到作用的同时，我们必须仍然坚持认为这种喜爱比另一种喜爱要较差一些，因为它的存在依赖于恐惧，而恐惧是坏事，还因为这种喜爱过于以自我为中心了。在最好类型的喜爱中，一个人希冀的是新的幸福，而不是摆脱旧的不幸。

最好类型的喜爱是相互给予生机的。每一方都带着欢乐得到喜爱，毫不费力地付出喜爱，而且每一方都发现作为相互的幸福的结果整个世界更加有趣了。然而，还有一种绝不罕见的类型，在其中一个人吸取另一个人的活力，一个人接收另一个人的付出，但是却几乎没有作出任何回报。某些非常有活力的人属于这种吸血的类型。他们从一个又一个受害者那里吸取活力，但是当他们成功而变得令人关注时，被他们吸取活力的人变得苍白、暗淡而迟钝。这些人把其他人当作实现自己目的的手段，而从不考虑其他人也有自己的目的。根本上说，他们对于他们一时认为自己所爱的人不感兴趣，他们只对刺激他们自己活动的事物感兴趣，而这活动也许是没什么人情味的活动。显然，这源自他们天性中的某种缺陷，但是这种缺陷完全不容易诊断或者治疗。这种性格往往和巨大的野心有关联，而且我认为，其根源在于一种过于偏颇的什么使人幸福的观念。两个人彼此发自内心的相互感兴趣这种意义上的喜爱，不仅仅是作为对彼此都有益处的手段，更是作为有着共同益处的结合。这种喜爱是真正幸福的最为重要的要素之一。而把自我关闭在铁笼之内无法扩展的人，无论他可能在事业上如何成功，他都错过了生活所给予的最好的事物。把喜爱排除在其范围之外的野心一般是某种对人类的愤怒或是仇恨的结果，这种愤怒或是仇恨由年轻时的不幸福、晚年遭遇的不公或者任何造成被害妄想的原因所导致。一个过于强大的自我就是一个牢笼，如果要完整地享受世界就必须逃出这个牢笼。发自内心地去喜爱的能力是一个人已经逃出这个自我的牢笼的标志之一。得到喜爱绝不是足够的，得到的喜爱应该用来释放将要付出的喜爱，而只有在得到的喜爱和付出的喜爱两者等量存在时，喜爱才达到其最好的可能。

对相互的喜爱的成长的心理和社会障碍是一个严重的坏事，世界一直以来受其害，而且现在仍然受其害。人们迟缓地表示钦佩唯恐钦佩的对象有错，他们迟缓地给予喜爱唯恐他们会受到被给予喜爱的人或者吹毛求疵的世界的折磨。借着道德和世俗智慧的名义要求人谨慎，结果是在事关喜爱之处慷慨和冒险精神都被阻止。所有这些都往往会导致胆怯和对人类的愤怒，因为许多人终生错过了真正最基本的需求，而且十之有九错失了对世界抱有幸福而开放的态度所必不可少的条件。这并不是说，在这方面那些被认为不道德的人比那些没有被认为不道德的人要来得更好。在两性关系中，非常普遍的是几乎没有什么可被称作是真正的喜爱，常常是甚至存在一种根本的敌对。每一方都试图不要倾其所有，每一方都保留着根本上的孤独，每一方都保持在最初的状态所以没有有益的成果。在这些经验中不存在基本的价值。我并不是说要小心回避这些经验，因为其所必需的步骤中可能会介入一些偶然的机会，更有价值和深度的喜爱能在此成长起来。但是，我确实要说，在两性关系中，只有在其中的人不保留自己的想法和情感并把双方的全部人格混同为一个新的集体人格时，才有真正的价值。在所有形式的谨慎当中，对于爱的谨慎或许是真正幸福最致命的阻碍。

第十三章　家庭

在从过去传下来的所有制度中，现在没有一项制度像家庭一样如此混乱而失范的了。父母对子女的喜爱和子女对父母的喜爱应是幸福的最大源泉之一，但是事实上今日父母和子女之间的关系，十之有九是双方不幸福的源泉，而99%是至少其中一方不幸福的源泉。家庭未能提供在道理上其应该能提供的基本满足是我们这个时代所盛行的不满的最为深层的原因之一。想要和自己的孩子保持幸福的关系或者为自己的孩子提供幸福生活的成年人必须深刻反思与为人父母相关的问题，并且在反思之后必须作出明智的举动。家庭这一主题范围太宽，除了与我们自己特定的问题，即赢得幸福相关的以外，其他的在本书中将不做讨论。而即便是与该问题相关的，我们也只是在不改变社会结构的情况下对每个个人掌控能力之内的改善予以讨论。

当然，这是非常严重的限定，因为我们这个时代家庭不幸福的原因极其多样，有心理的、经济的、社会的、教育的和政治的。就这个社会的富有阶层而言，两个原因结合起来共同使得女人现在感受到的为人之母的负担比之前的年代所感受到的要重很多。这两个原因是，一方面是职业对于单身女性的开放，另一方面是家政服务的衰退。从前，未婚女人那难以忍受的生活状况驱使女人要结婚。那时，未婚女人住在家里时不得不在经济上依赖别人，先是依赖她的父亲，然后是某个不情愿的兄弟。她没有工作来填充时间，也没有自由去家宅之外寻找快乐。她既没有机会也没有意向去寻找性刺激，她自己深信在婚姻以外的性刺激是令人完全无法接受的。尽管有着所有的防备，如果她受某些狡诈之徒迷惑欺骗而失去贞操的话，她的境况就可怜至极了。这种境况在《威克斐牧师传》中有相当准确的描写：

> 隐藏她的罪的唯一办法，
> 要把她的羞耻不让众人的眼睛看到，
> 要让她所爱的人痛悔，
> 要让他的胸膛颤抖——去寻死。

当代的未婚女人不会认为在这种境况下有必要去死。如果她受过良好的教育，她不难取得充足的收入，也因此自立于父母。因为父母失去了对女儿的经济掌控，所以父母在对女儿表达道德上的不赞同时变得谨慎得多。责骂一个不会停在那里让你责骂的人是没什么大用的。所以，现在一个职业阶层的未婚年轻女人，如果她的智力和容貌不在一般之下的话，只要是她没有要孩子的愿望，能够享受完全惬意的生活。但是，如果要孩子的愿望征服了她，她就不得不去结婚，而几乎可以确定会失去她的工作。她生活的舒适度下降了，和之前她已经习惯的生活的舒适度相比要低得多，因为她丈夫的收入很可能并不比她之前的收入高，而且又必须养一家人，而不仅仅是一个单身女人。在享受过独立之后，她会觉得为每一分必要的开支而不得不指望别人是令人烦恼的。出于所有这些原因，这些女人对于为人之母会有所犹豫。

一个女人仍然接受这下降而去生育的话，她会发现自己和之前几代的女人相比，遇到了一个新的糟糕的问题，即家政服务的缺乏和低质量。因此，她就变成被绑在家里，不得不亲自去做就她的能力和受过的训练而言不值得去做的大量的琐碎事情，或者如果她不亲自去做的话，就会因责骂忽略了这些事情的女仆而坏了情绪。至于孩子的身体照料，如果她花了功夫成为这方面的见多识广者的话，她会发现把孩子托付给保姆或者甚至是把和清洁卫生有关的最为基本的措施让其他人去做都有发生灾祸的重大危险，除非她能够负担得起在某个机构接受过昂贵培训的保姆。在大量琐碎事情的重压之下，如果她没有很快失去她全部的魅力和四分之三的智力，她已经确实是幸运了。在绝大多数的情况下，仅仅是承担了这些必需的责任，就使得这些女人让她们的丈夫感到厌烦，让她们的孩子感到讨厌。当夜幕降临，她的丈夫结束工作回来时，女人唠叨着一天中遇到的麻烦，这唠叨对于她丈夫而言是一件令人生厌之事，而女人则只有健忘的才不会唠叨。至于她的孩子，她为了有孩子而做出的牺牲一直在她心里，以至于几乎可以肯定她所要求的回报比值得期待的回报要来得多，而且持续地处理琐碎事情的习惯让她变得爱挑剔和心胸狭窄。这是她所遭遇的所有不公中最有伤害性的：她在家庭里尽责，结果失去了他们的爱。反之，如果她不关注这些责任而保持快乐和魅力的话，他们很可能还爱着她。

这些问题基本上是经济的问题，另一个几乎同样严重的问题亦是如此。我指的是大城市因人口聚集而造成的居住困难。中世纪的城市有着现在农村的乡土气息。孩子们仍在唱的童谣里写道：

保罗尖塔上一棵树，
挂满甜甜大苹果。
伦敦城里小男孩，
棍棒敲得大苹果。
翻过树篱一座座，
一路跑到伦敦桥。

如今圣保罗大教堂的尖塔已经不在了，它和伦敦桥之间的树篱也不知何时消失了。虽然从伦敦城的小男孩们能够享受上面童谣所唱的乐趣至今已经好几个世纪了，但直到不太久之前大量的人口还生活在农村。那时的城镇并不很大，很容易就出城了，而在城镇里要找带有花园的独栋房子的话，也绝不罕见。现在，在英格兰，城市人口比农村人口要多得多。在美国，城市人口比农村人口多的程度要稍微轻一点，但是在非常快地增长。像伦敦和纽约这样的城市已经大到要出城就要花很多时间的地步。在城市的人们通常只能满足于住公寓房，公寓房当然是不会有花园的，其中中等收入的人们只能满足于绝对小的空间。如果有年轻的小孩的话，生活在公寓房是艰难的，因为没有小孩玩的房间，也没有父母能够不听到小孩吵闹的房间。结果，专业人士越来越倾向于住在城郊。从孩子的角度来看这无疑是可取的，但是大大增加了孩子父亲生活的疲劳程度，而且还大大减少了他在家庭中所起的作用。

然而，我并无意去讨论如此宏大的经济问题，因为这超出了我们所关注的问题，即此时此地的个体能做什么来找到幸福。当我们面对我们这个时代父母与孩子之间存在的心理难题时，我们就向我们所关注的问题靠近了。这些心理难题其实是民主所引起的问题的一部分。从前，有主人和奴隶之分，主人决定着去做什么，而且整体上是喜欢自己的奴隶的，因为是奴隶的伺候让主人得以幸福生活。奴隶也许可能会恨主人，虽然没有我们根据民主理论所料想的那样普遍。但是，即便是奴隶恨主人，主人仍然不会意识到这点，所以至少主人是幸福的。随着民主理论的广泛接受，所有这些都改变了。曾经一直顺从的奴隶不再顺从，之前一直对自己的权利确定无疑的主人变得犹豫不决。摩擦产生并导致双方都不幸福。我说的所有这些并不是为反对民主作论证，因为这些问题只是在任何重要的转型过程中都不可避免的问题。但是，不考虑在这转型过程中其让世界变得令人不快的事实是无用的。

父母与孩子之间关系的变化是民主普遍传播中的一个特定的例子。父母不再确信自己对孩子的权利，孩子不再感到应对父母给予尊重。以前毫无疑问要求的服从的美德已变得过时了，而且理当如此。精神分析给受过教育的父母带来恐惧，生怕他们自己无意中伤害了他们的孩子。如果他们亲吻他们的孩子，可能会导致孩子有恋母情结；如果不亲吻，可能会让孩子产生强烈的妒忌。如果他们命令孩子去做某事，可能会产生一种负罪感；如果他们不命令，孩子会养成父母认为不可取的习惯。当他们看到他们的婴儿在吸吮大拇指时，他们会做出所有令人感到可怕的推断，但他们对于做什么去阻止婴儿吸吮大拇指会颇为不知所措。为人父母，在过去通常是欢欣鼓舞地行使着权力，现在已经变得胆怯、焦虑并充满着谨慎的怀疑。过去那种简单的欢乐消失了，由于单身女人获得的新的自由，母亲在决定为人之母的时刻不得不比以前的母亲要牺牲得更多。在这样的情况下，谨慎的母亲向孩子要求得太少，而不谨慎的母亲向孩子要求得太多。谨慎的母亲抑制她们出自天性的喜爱而变得有所顾忌，不谨慎的母亲为她们不得不放弃的欢乐在她们的孩子那里寻求补偿。在前一种情况下，孩子的喜爱是缺乏的，而在后一种情况下，孩子的喜爱被过度刺激了。这两种情况下，家庭都没能提供在最佳情况下所能够提供的简单而自然的幸福。

考虑了所有这些问题，对出生率的下降还觉得有什么奇怪的吗？在一般大众中出生率的下降已经到了人口很快将要减少的地步了，但是在富裕阶层中早已到了这个地步，而且不仅是在一个国家，而是在几乎所有文明程度最高的国家。可以得到的有关富裕阶层的出生率的统计资料不多，但从前面间接提到过的吉恩·艾林（Jean Ayling）的书中可以引用两个事实。书中记载，1919 年至 1922 年间斯德哥尔摩的职业女性的生育率只有一般大众的三分之一，而在美国卫斯理学院的四千名毕业生中，1896 年至 1913 年总共生的小孩数量大约是三千名，然而如果要人口实际不减少的话应该要有八千名不夭折的小孩。无疑，白色人种创造的文明具有显著的特性，即男人和女人越是受这文明影响，他们越是变得不生育。文明程度最高的最不生育，文明程度最低的最要生育，而在两者中间呈现连续的变化。当前，西方国家中最有知识的那部分人正在消亡。在很少几年内，西方国家整个人口将开始减少，除非由文明程度较低的地方的移民进来填充。而一旦移民接受了他们定居的国家的文明，他们又转而变得比原来生育得少。显然，具有这种特点的文明是不稳定的。除非一种文明能够让其成员通过繁殖保持成员数量，否则这种文明迟早会消亡并让位于某些其他为人父母的冲动保持得足够强而人口数量不减少的文明。

在每一个西方国家，官方的伦理学家试图用劝诫和情感来处理这个问题。一方面，他们宣称每一对已婚的夫妇都有义务按照神的旨意尽可能多生育孩子，而不要考虑这些孩子的健康和幸福的前景如何。另一方面，专门研究神学的男性牧师空谈着为人之母的神圣的欢乐并假称一大群生病又为贫穷所困的婴幼儿是幸福的源泉。政府也参与进来了，其观点是，足够数量的炮灰是需要的，因为除非有足够多的人口剩下来被精致灵巧的杀伤性武器所消灭，否则所有这些武器怎么能充分发挥作用呢？说来奇怪，就单个父亲或者母亲而言，即便他接受这些观点适用于其他人，但在这些观点适用于他自己时仍完全不愿听。这些牧师和爱国者的心理学是有错误的。只有在能拿地狱之火成功地威吓人的时候，牧师才能取得成功，但是现在只有少部分人把这威吓当真了。而没有了这个威吓，就没有威吓能足以控制如此本质上属于私人事务的行为了。至于政府，其观点完全地过于残忍。人们也许会赞成其他人去当炮灰，但他们不会对让他们自己的孩子去当炮灰的前景感兴趣。所以，政府能做的一切就是努力让贫穷的人保持在无知的状态，但统计显示，除了在西方国家中的最落后的区域外，这种努力很不成功。实际上是否存在生小孩这种公共义务本身就是不太清楚的，就算是明显存在生小孩这种公共义务，也很少有男人或者女人会出于公共义务感而去生小孩。当男人和女人生小孩时，他们这么做要么是因为他们相信孩子能增进他们的幸福，要么是因为他们不知道如何去避免小孩的出生。后面的原因现在仍强烈地发挥作用，但是其效能正在持续的降低。对于阻止这种降低的持续，政府和教会都做不了什么。所以，如果白色人种要活下去的话，为人父母这件事必须重新能够为父母提供幸福。

暂不考虑当今时代的境况，如果我们就考虑人的天性的话，我想显然为人父母这件事能够在心理上提供生活所能赋予的最大和最持久的幸福。在这方面，女人的感受要比男人的感受更真切，而男人的真实感受要比大多数当代人所以为的男人的感受更真切。这在当今时代之前的几乎所有文学作品中都被当作是理所当然的。赫卡柏（Hecuba）[①]对孩子的关心超过对丈夫的关心。麦克德夫（MacDuff）[②]对孩子的重视也超过了对妻子的重视。在《旧约》中，男人和女人都热衷于繁衍子孙。在中国和日本，这种态度一直传到今天。有人认为，这种愿望是由祖先崇拜导致的。但是，我认为真实情况正相反，真实情况是祖先崇拜反映出人们对于家族延续的兴趣。现在再回过头看刚不久前提到的职业女性，显然她们要有孩子的欲望非常强烈，因为，如果不是这样的话，她们中就没有人会作出为了满足这欲望而所需的牺牲。拿我自己来说，我觉得为人父母所带来的幸福超过了我所体验过的其他所有幸福。我相信，如果环境让男人或者女人放弃这种幸福的话，会有一种非常深层的需求没有得到满足，并导致不快和倦态，虽然其原因目前还不是很清楚。要在这个世界上过得幸福，特别是在过了青年阶段之后，有必要让自己感觉到自己并不是一个来日无多的孤独的个体，而是从最早的细胞开始直到遥远而未知的未来的生命之流中的一部分。如果把这情感看作是有意识的，那么用术语来表达的话，这情感无疑包含着高度文明和智慧的世界观。但是，如果把这情感看作是模糊的出于本能的情感，那么这种情感是原始而天然的，所缺少的正是高度文明。对于能够取得在未来仍能看到其印迹的伟大杰出成就的人来说，他也许能够通过工作来满足这种情感。但是，对于没有特殊天赋的男人和女人来说，满足这种情感的唯一办法就是通过生儿育女。

---

① 赫卡柏（Hecuba），古希腊神话故事中的人物，系特洛伊国王普里阿摩斯之妻，赫克托尔与帕里斯之母。——译者注

② 麦克德夫（MacDuff），《麦克白》中的人物，系苏格兰法夫的领主。——译者注

听任自己的生殖冲动衰退的人就是在将自己与生命之流割裂，这样做的重大风险在于他会变得毫无活力。对他们来说，除非是特别的超脱，死亡就意味着一切都结束了。他们身后的世界和他们没有关系，因此他们的所作所为对他们自己来说显得琐碎而无足轻重。对于有着儿辈和孙辈并且以自然的情感爱着他们的男人和女人来说，未来是重要的，至少在他们活着的时候如此，这不仅是因为道德或者想象力，而且也是自然的和本能的。而一个兴趣已经扩展到自身生活以外的人很可能能够在之后把兴趣扩展得更远。以亚伯拉罕为例，他能够从他的子孙后代能够继承应许之地的想法中得到满足，尽管很多世代之内都没能实现。而他用这情感把自己从徒劳感中拯救出来，要不然的话，这徒劳感会让他所有的情感麻木。

当然，家庭的基础在于父母对自己的孩子有一种特殊的喜爱，这种喜爱有别于父母两人彼此之间的喜爱，也有别于他们对其他人的孩子的喜爱。的确，有些父母只有很少或者没有作为父母的那种喜爱，同样的确，有些女人能够对不是她们自己的孩子有着和对她们自己的孩子几乎一样强烈的喜爱。尽管如此，大体的事实仍然是作为父母的喜爱是一种普通人所体验的对他自己孩子的，而不是对其他任何人的，特殊种类的喜爱。这种情感是我们从我们的动物祖先那里遗传来的。在这方面，在我看来弗洛伊德的观点未能从生物学的角度出发，因为任何人观察和幼崽在一起的动物母亲都会发现，动物母亲对其幼崽的行为模式和对与其有性关系的雄性动物的行为模式完全不同。而在人类中间也存在同样的有差异的和本能的行为模式，虽然在形式上有些变化并且不那么明显一些。如果没有这种特殊的情感的话，那么对于作为一项制度的家庭几乎就没什么可谈的了，因为如果那样的话，把孩子交给专门的人去照料也是一样。然而，按照目前的情况，只要他们的本能还没有衰退，父母对孩子的那种特殊的喜爱对于父母自己和孩子都是有价值的。父母的喜爱对于孩子的价值主要在于这比其他任何喜爱都要更可靠。朋友因为优点而喜爱，情人因为魅力而喜爱；如果优点或者魅力减弱了，朋友和情人可能消失了。但是，正是在不幸的时候父母最值得依赖，例如生病时，甚至是名誉扫地之时，如果父母是正常的话。当我们因为我们的优点而得到钦佩时，我们都会感到高兴，但是我们中大部分人的内心都足够谦虚，会觉得这钦佩是不稳固的。我们的父母爱我们因为我们是他们的孩子，而这是不可改变的事实，所以我们对于他们会感到比其他任何人都要安全。在成功之时，这似乎不重要，但在失败之时，它提供了其他任何地方都无法找到的安慰和安全。

在所有人际关系中，单方取得幸福是相当容易的，但双方都取得幸福则困难得多。监狱看守也许喜欢看管囚犯；雇主也许喜欢威吓雇员；统治者也许喜欢铁腕管理他的臣民；而守旧的父亲无疑喜欢用棍棒来向他的儿子灌输美德。然而，这些是单方的乐事；对于另一方而言，情况就不太令人喜欢了。我们已经感到这些单方的快乐有些令人不满：我们相信好的人际关系应该令双方都感到满意。这尤其适用于父母与孩子之间的关系，结果是父母从孩子那里获得的快乐比以前要少得多，而相应地孩子从父母那里所受的折磨也比以前几代要少。我不认为，父母从孩子那里获得的幸福比以前要少存在什么现实的理由，虽然无疑现在情况如此。我也不认为，父母未能增进他们的孩子的幸福存在什么理由。但是，就像所有成为当代社会目标的平等关系一样，这需要一定的审慎和体贴，一定的对他人人格的尊敬，而日常生活中的好斗绝不会让这些需要变得有希望。让我们来考虑一下为人父母的幸福，首先从其生物学的本质来看，然后来考察受那种我们认为对信仰平等的世界而言基本的对待其他人格的态度所启发的父母可能产生的幸福。

为人父母的快乐的原始根源是双重的。一方面，感觉到自己身体的一部分得到了外延，将这一部分的生命扩展到超越了身体其他部分的死亡，而且这得以外延的一部分生命中的一部分可能再以相同的方式外延，从而让种质（germplasm）不朽。另一方面，存在着权力和关怀的密切混合。新生命是无助的，因而会有一种冲动去供其所需，这种冲动不仅满足了父母对孩子的爱，还满足了父母的权力欲。只要感到婴儿是无助的，就不会认为给予这婴儿的喜爱是无私的，因为保护一个人脆弱的部分是在天性之中的。但从孩子很小开始，就存在着父母对权力之爱和希望孩子好之间的冲突，因为虽然对孩子的权力在一定程度上是由抚养孩子这事情的性质本身决定的，尽管如此孩子尽可能早地在尽可能多的方面独立是可取的，而这会让有着权力冲动的父母不快。有些父母从来没有意识到这冲突，直到孩子在叛逆时仍然像暴君一样。然而，其他有些父母意识到了这冲突，从而他们自己就受相互冲突的情感所折磨。因这冲突，他们失去了为人父母的幸福。在他们给予孩子所有的照顾后，令他们窘迫的是，孩子最后和他们曾希望的截然不同。他们曾希望孩子成为一名士兵，而他们发现孩子成了一名和平主义者，或者像托尔斯泰一样，他父母曾希望他成为一名和平主义者，而他加入了黑色百人团。但是，不仅仅是在这些后来的发展过程中才会感到困难。如果你喂一个已经能够自己进食的幼儿，那么你已经把对权力的爱放在了孩子的福祉之前了，虽然在你看来你只是好意省去他的麻烦。如果你让他过于强烈地对危险有所意识，你很可能是受想让他依赖你的欲望所驱使。如果你给他很明显外露的喜爱以期待他的回应，你很可能是在试图通过他的情感来俘虏他。父母的占有冲动以大大小小无数种方式引导他们走入歧途，除非他们内心非常小心或者纯净。当代的父母在意识到这些危险之后，有时在应付孩子时会失去自信，从而变得对孩子而言还不如让父母自己自发地犯错，因为给孩子的心灵带来焦虑的莫过于大人这方缺乏把握和自信。所以，内心的纯净比小心要更好。发自内心的对孩子福祉的期望胜过他对孩子的权力的期望的父母不需要心理分析的教科书来告诉他们什么应该做、什么不应该做，而是由冲动来正确引导。而且在这种情况下，父母和孩子之间的关系会始终和谐，不会导致孩子叛逆，而且不会让父母有挫败感。但这要求父母这方自始就尊重孩子的人格，这种尊重必须不仅仅是一个有关道德的或者知识的原则问题，而且是某种深切感受到的几乎神秘的信念，这种信念的程度之深要让占有和压制变得完全不可能。当然，这种态度不仅仅对于孩子是可取的。在婚姻和友谊中，这种态度也是必要的，虽然在友谊中有这种态度相对容易一些。在一个良好的世界里，这种态度将遍及人类群体之间的政治关系之中，虽然这种期望还很遥远以至于我们还不需要在这上面花费时间。虽然普遍需要这种温和，但是在所有涉及孩子的地方最为需要，因为他们是无助的而且因为他们体型小、力量弱会导致内心粗野的人蔑视他们。

回到本书所关注的问题，在当代世界为人父母的全部欢乐只有那些相信我所说的对孩子的尊重态度的人们才能获得。因为对他们而言，不存在恼人的对他们对权力的爱的制约，也不需要担心在孩子获得自由时像专制的父母那样因幻想破灭而无法释怀。而且对于有着这种态度的父母，其为人父母的欢乐要甚于专制的父母在其为人父母的权力鼎盛期所可能达到的为人父母的欢乐。因为，经由温和将所有专制的倾向涤清的爱能够给予更为完美的、更为慈爱的、更能把日常生活的寻常之事化铁为金的神秘的狂喜，而一个仍在为在这个危险的世界上维持其地位而奋斗的人是不可能产生这样的情感的。

虽然我赋予为人父母的情感以很高的价值，我并不会作出一个经常为人们所作出的推论，即母亲应该为她们的孩子尽可能多地亲自做事。在年长的女性除了手把手教年轻的女性一些没有科学根据的零散知识外对照料孩子一无所知的年代，这样的习惯固然是好。现在照料孩子中的大量事情最好是由在照料孩子这个主题中的某些方面有专门知识的人来做。现在人们已经认可“教育”这方面是如此。母亲无论多爱她的儿子，也不能期望由她去教她儿子微积分。只要是与获得书本知识有关的，人们已经认可孩子能够从具备这些知识的人那里学得比从不具备这些知识的母亲那里更好。但是，在照料孩子的其他许多方面，人们还不认可这种观念，因为所需要的经验尚未得到人们的认可。无疑，某些事情由母亲来做更好一些，但是随着孩子长大，由其他人来做更好一些的事情会不断增加。如果这点得到人们普遍认可的话，母亲将会免去大量令她们烦恼的劳动，因为这些劳动并不在她们的专业能力范围之内。尽管已经为人之母，一个已经获得某种专业技能的女人应该自由地去继续施展这技能，这既是出于为她考虑也是出于为社会考虑。她可能在孕期的后几个月和哺乳期无法去施展技能，但是一旦孩子超过九个月大就不应该成为她去从事专业活动的一个不可克服的障碍。每当社会要求母亲对孩子作出的牺牲超过合理限度，如果母亲不是超乎寻常地善良的话，就会从孩子那里期望得到超过她有权期望得到的补偿。通常作出重大自我牺牲的母亲在绝大多数情况下对孩子是非常自私的，因为虽然为人父母是生活中一个重要的部分，但是如果将其当作生活的全部的话，这将引发父母的不满，而不满的父母往往会成为在情感上贪婪的父母。所以，从孩子利益出发和从母亲利益出发同样重要的是，为人之母不应该切断母亲和所有其他兴趣和爱好之间的联系。如果一位母亲真的觉得自己特别适合照料孩子而且她也有足够的知识来照料自己的孩子的话，她的技艺应该得到更广的发挥，而且她应该专业去照料几群小孩，而她自己的小孩也可在其中。父母在做了国家所要求的必须做的事之后，就应该有权决定如何照料自己的孩子、由谁来照料自己的孩子，只要照料的人确实具备相关的知识和技能。但是不应该普遍地要求每一位母亲都亲自去做某些其他女人能够做得更好的事情。当许多母亲在面对她们的孩子时被难住并感到能力不足，她们应该毫不犹豫地让她们的孩子由那些具备这方面天赋并接受过必要的培训的女人来照料。并不存在天赐的本能去教会女人们正确处理与孩子有关的事情，而关切超过一定的度之后就会成为占有的伪装。许多孩子因其母亲无知而感性的对待而遭受心理的伤害。人们一直以来都认可不能期望父亲为孩子做太多事情，然而孩子也能够像爱自己的母亲一样爱自己的父亲。如果女人的生活能够从不必要的奴役中解脱出来，孩子能够从有关在早期照料他们的心智和身体的不断积累的知识中受益的话，将来母亲和孩子之间的关系将会越来越像现在父亲和孩子之间的关系。

第十四章　工作

工作应该被列入幸福的原因还是不幸福的原因？或许会被当作一个有疑问的问题。大量的工作无疑非常让人烦恼，而过量的工作总是让人非常痛苦。但是，我认为，只要工作不过量的话，对于大多数人而言，即便是最为呆板的工作也要比无所事事不那么痛苦。根据工作的性质和工作者的能力不同，工作的层级可以是从仅仅让人不无聊直至获得最强烈的愉悦。大部分人所不得不从事的大部分工作本身并不让人觉得有趣，但即便这样的工作也肯定有巨大的益处。首先，工作占据了一天中的大量时间，这样就不需要决定自己应该干什么。当能够自由地根据自己的选择使用自己的时间时，大部分人茫然地把任何足以让人快乐的事情作为值得去做的事情。而无论他们决定做什么事，他们都会觉得如果去做其他某些事情会让人更快乐，他们因此而感到困扰。明智地使用闲暇是文明的最后产物，而现在很少有人达到这个水准。而且，进行选择本身也是令人厌烦的。除了那些有着非凡主动性的人以外，一天中的每个时间段要做什么由别人来告知绝对是令人愉快的。作为免于承担繁重无聊的工作的代价，大多数懈怠的有钱人深受无法形容的厌烦之苦。有时他们通过去非洲狩猎大型动物或者乘飞机环游世界来从厌烦中解脱出来，但是这种经历的数量是有限的，尤其是在青年时期过了以后。因此，更有才智的有钱男人工作的勤劳程度就好似他们是穷人，而有钱女人通常让她们自己忙于数不清的琐事，她们坚信这些琐事有着翻天覆地的重要性。

所以，首要的是，工作作为对厌烦的一种预防是值得去做的，因为与一个人终日无所事事所感到的厌烦相比，一个人在从事虽然无趣但必须要做的工作时所感到的厌烦根本算不上什么。与工作的这个好处相伴的另一个好处是，当假期到来的时候，工作能够让假期变得更加令人愉快。只要一个人的工作不要辛苦到损伤他精力的程度，他在空闲时间获得的兴致往往比一个不工作的人可能获得的兴致要高得多。

大部分有薪水的工作和某些没有薪水的工作的第二个好处是，工作提供了成功的机会和实现抱负的机遇。在大多数工作中，成功是用收入来衡量的，只要我们保持在资本主义社会，这是必然发生的。只有在涉及最为优秀的工作时，这种标准才不作为当然的标准来适用。人们想要增加收入是想得到更高的收入所能够提供的额外的舒适，同样也是想要成功。不管多么单调的工作，如果它是一种建立声望的手段的话，无论这种声望是在全世界范围还是仅仅在自己的圈子内，这工作就变得能够忍受。长远来看，目标的持续性是幸福的最基本的要素之一，而对大多数人来说，这主要来自他们的工作。就此而言，生活被家务所占据的女人要比男人或者走出家门工作的女人不幸得多。操持家务的女人没有薪水，没有改善自身的手段，她丈夫把她做的事看作理所当然（她丈夫实际上看不到她所做的事），她丈夫不是根据她的家务而是一些其他品质来评价她。当然，这不适用于那些钱足够多能够把房间和花园弄漂亮而让邻居忌妒的女人，但是这样的女人相对而言是少的，而对绝大多数操持家务的女人而言，做家务无法给她们带来其他类型的工作给男人和职业女人带来的满足。

大部分工作能够带来消磨时间的满足，也能为实现抱负提供一些尽管不那么重大的表现机会的满足，而这足以让一个从事单调工作的人大体上比完全不工作的人更为幸福。而当一份工作是充满乐趣的时候，工作就能提供比仅仅从单调中解脱出来高级得多的满足。这些带着某些乐趣的工作的种类可以根据等级来排布。我下面的讨论将从那些略微带给人乐趣的工作开始，并以那些值得让伟人投入全部精力的工作结束。

两个让工作令人感到有趣的主要因素是：第一，技能的运用；第二，建设。

每一个获得了某些不寻常技艺的人都能从施展这技艺中获得享受，直到施展这技艺成为当然之事或者是他不再能提升自己。这种行动的动机始于幼年早期：会倒立的男孩会不情愿正立。大量的工作提供了与源自技巧型游戏的乐趣一样的乐趣。律师和政治家的工作必定包含了大量更为令人愉快的乐趣，类似于打桥牌的乐趣。当然，这之中不仅有技艺的施展，还有技能上更胜一筹的快乐。然而，即便不存在这类竞争性的因素，困难的壮举得以实现，也是让人愉悦的。能够在飞机上做特技表演的人从中发现了巨大的乐趣，因此他甘愿冒生命的危险。我认为，尽管工作环境令人痛苦，有才能的外科医生能够从其精湛的手术中获得满足。同样类型的乐趣可以源自大量更为卑下的工作，虽然乐趣的强度低一些。我甚至曾听说有管子工也能从工作中获得乐趣，虽然我不曾有幸遇到过。所有需要技艺的工作都能让人得到乐趣，只要所需技艺是多变的或者可以无限提升的。如果缺少这些条件的话，当一个人已经获得他的最大的技艺之后，他就不再对此感兴趣。一个跑三英里比赛的人在过了能够突破自己最好记录的年龄之后就不再能从这种活动中找到乐趣。幸运的是，在大量的工作中，新的状况需要新的技艺，从而一个人可以不断地提升，至少中年之前是如此。在某些需要技艺的工作种类中，例如从事政治的人，会在六十岁到七十岁之间达到他们的最佳状态，原因在于这些职业所必需的是阅人无数。出于这个原因，成功的政治家在七十岁的时候往往比同龄的其他人要更加幸福。在这方面，唯一能与其相比的是大企业的最高领导们。

然而，最佳的工作还具有另一个因素，这甚至是比施展技艺更为重要的幸福来源。这个因素就是建设。在某些工作中，虽然绝不是在大部分工作中，当工作完成之时，会建立起某些像纪念碑一样能保留下来的东西。我们可以用以下的标准来区分建设和破坏。在建设中，最初阶段各个事物是相对无秩序的，而在最终阶段各个事物体现出一个意图；在破坏中，情况正相反：在最初阶段各个事物体现了一个意图，而在最终阶段各个事物是无秩序的，这就是说，破坏者意在制造一种各个事物无法体现确定意图的状态。这个标准适用于最明显的、最字面意义上的情形，即建筑物的建造和破坏。在建造建筑物时按照事先制定的计划来实施，然而在破坏建筑物时没有人准确地确定在破坏完成之时这些材料如何摆放。当然，作为接下来的建造的预备，破坏往往是必需的；在这种情形下，破坏是整个建造的一部分。但是，并不罕见的是，一个人在从事破坏行为时并没有考虑接下来的建设。往往他会自欺地以为自己只是在为新建设进行清除。但如果问他接下来的建设是什么，常常能揭开他的假象。人们会发现，关于后续建设的主题，他语焉不详且缺乏热情，而关于预备的破坏，他表述清晰而且饶有兴致。这适用于不少革命者、军国主义者和其他暴力的鼓吹者。他们受到仇恨的驱使，就这点而言他们常常没有自觉；他们的真实目的是去破坏他们所仇恨的，而他们对于破坏之后建设什么这个问题相对而言不感兴趣。在此，我无法否认，就像在建设的工作中一样，破坏的工作也有快乐，这是一种更为剧烈的快乐。也许只是一时的剧烈，它给人的深层满足程度较低，因为在其结果中能找到的满足很少。你杀死了你的敌人，而当他死亡之时你的工作就不存在了，而你得自胜利的满足很快就会消退。另一方面，建设的工作在完成之后一想到就会令人愉悦，而且绝不会彻底结束从而没有任何进一步的工作可做。最能带来满足的目标是那些能无限引导着从一个成功走向另一个成功而永不会走到终点的目标；而就此而言，建设是比破坏更为巨大的幸福的来源。也许更为正确的说法是，在建设中寻找满足的人们能够在建设中找到的满足比破坏的热衷者在破坏中所能找到的满足要来得多，因为一旦你变得充满仇恨，你就无法像其他人那样很容易从建设中获得快乐。

同时，鲜有事物能像从事重要的建设性工作那样能够治愈仇恨的习惯。

从一项伟大的建设性事业的成功中获得满足是生活给予的

最为巨大的满足之一，虽然不幸的是这种最高形式的满足只有具备非凡能力的人才有机会获得。没有东西可以夺走一个人因为工作的重要部分取得成功而获得的幸福，除非证明他的工作竟然是糟糕的。这样的满足有很多种形式。一个人通过灌溉方案把荒野变成了玫瑰花海，他就能够以最容易感知的一种形式获得满足感。创造一个组织也许是最具重要性的工作。少数政治家的工作正是如此，他们终生致力于在混乱中创造出秩序。在我们这个时代，列宁就是其中的最高典型。最为明显的例子是艺术家和从事科学工作的人。莎士比亚在谈及他的诗歌时说："只要人们能呼吸，能目视，它就存活着。"而无疑这想法让他在不幸中找到慰藉。在他的十四行诗中，他宣称对朋友的思念让他和生活和解，但我不禁要怀疑，就让他与生活和解而言，他给他朋友写诗比他的朋友本身更有用。伟大的艺术家和伟大的科学工作者所做的工作令人愉快；当他们在工作时，工作让他们赢得尊重，这给了他们最基本的一种权力，即控制人们思想和情感的权力。此外，他们有着最为可靠的理由去高度评价自己。人们会认为，各种幸运的条件结合起来应该足以让人幸福。然而并非如此。例如，米开朗基罗是一个非常不幸福的人，他宣称，若不是为穷亲戚清偿债务，他不会费力去创作艺术作品（我确信这与真实情况不符）。创作伟大艺术品的能力往往与性格上不幸福存在关联，虽然绝非总是如此，而这不幸福如此之巨大，若非艺术家从其工作中获得快乐，他就会去自杀。所以，我们不能认为，甚至最伟大的工作必定能让一个人幸福；我们只能认为，最伟大的工作必定能让一个人减轻不幸福。但是，从事科学工作的人中性格上不幸福的人比艺术家中性格上不幸福的人要少得多，在科学上从事伟大工作的人大多是幸福的人，而其幸福主要来自他们的工作。

当代有知识的人中不幸福的原因之一在于他们中的很多人，特别是其技能在文字方面的人，发现没有机会独立施展他们的才华，而不得不受雇于由文化修养低的人管理的有钱的公司，而这些文化修养低的人又坚持让他们创作那些他们自认为有害的瞎扯的作品。如果你去问英格兰或者美国的新闻记者，他们是否信奉他们所供职的报社的政策，我相信，你会发现只有小部分人信奉；其余人则是出于生计考虑在他们认为有害的目标上滥用他们的才华。这样的工作无法带来任何真实的满足，而在让自己妥协去做这样的工作的过程中，一个人必定让他自己变得愤世嫉俗而不再能从任何事物中获得全心的满足。我无法谴责从事这种工作的人，因为挨饿是一个后果过于严重的替代方案，但是我认为，当可能从事满足一个人建设性的冲动而且完全不会挨饿的工作时，从他自己的幸福角度来看，他明智的做法是优先选择这个工作，而不是薪水高很多但在他看来就工作而言并不值得做的工作。没有自尊就几乎不可能获得发自内心的幸福。而以自己的工作为耻的人几乎不可能获得自尊。

按目前的情形，虽然建设性的工作带来的满足也许是少部分人才有幸获得的，然而这少部分人是相当多的少部分人。任何在工作中能够自己做主的人能够感受到；任何认为自己的工作有益而且需要相当技艺的人也能够感受到。生育一个让人满意的孩子是一件艰难的建设性的工作，能够提供巨大的满足。任何完成了这点的女人都能够感受到，作为她的劳动的结果，这世界包含了某些非如此就不会包含的价值。

是否把生活看作一个整体，人们的态度迥然不同。对某些人而言，很自然地把生活看作一个整体，并且能带着些许满足，这对于幸福而言是必不可少的。而对其他人而言，生活是一系列互不关联的事件，变化没有确定的方向，也没有完整性。我认为，前一种类型的人比后一种类型的人更可能获得幸福，因为，前一种类型的人渐渐地建立起给他们带来满足和自尊的环境，而后一种类型的人则会受到如风雨飘摇般的环境的吹动，而无法抵达任何一个安全之所。把生活看作一个整体的习惯对于智慧和正确的道德而言都是一个基本的部分，应该在教育中予以鼓励。连贯的目标不足以让生活幸福，但连贯的目标是幸福生活的一个几乎必不可少的条件。而连贯的目标主要体现在工作之中。

第十五章　业余兴趣

在本章，我所要考虑的不是与建立一个人生活相关的主要兴趣，而是那些填补一个人闲暇并让一个人从其更为严肃的紧张思虑中得到放松的次要兴趣。在普通人的生活中，妻儿、工作和财务状况占据了他焦虑和严肃思考的大部分。即便他有婚外情，与他对婚外情的关注相比，他很可能更为关注婚外情对其家庭生活的影响。在此，我不把与一个人工作密切相关的兴趣当作业余兴趣。例如，从事科学研究的人必须了解自己领域的最新研究情况。面对那些与他的职业密切相关的研究成果，他会带着热切和活跃去理解。但是，当他阅读与他自己领域无关的其他科学成果时，他会是一种截然不同的心态，一种非专业、不那么具有批判性、不那么关切的心态。即便是为了理解不得不去动脑，他的阅读仍是一种放松，因为这与他的职责无关。如果这本书让他感兴趣，那么从他无法把这本书应用到他自己的研究领域这个意义上来说，他的兴趣是业余的。我在本章中所要讨论的就是这种处于一个人生活的主要活动范围之外的兴趣。

不幸福、疲劳和神经紧张的原因之一是对于在自己生活中没有实际重要性的任何事物无法产生兴趣。其结果是，显意识不停息地被放在少数事物上，而这少数事物中的任何一种都很可能带来几多焦虑和些许担心。除了在睡眠的时候，显意识无法停息下来让潜意识来酝酿渐进的智慧。其结果是亢奋、缺乏睿智、易怒、均衡感缺失。所有这些既是疲劳的原因，又是疲劳的结果。当一个人变得疲惫时，他对外界的兴趣会减退，而当他对外界的兴趣减退时，这些兴趣原本能带给他的解乏效果他也就得不到了，他就变得更加疲惫。这个恶性循环太易于最终导致精神崩溃了。对外界的兴趣会令人放松是因为这不需要付诸积极的行动。作决定和选择是非常令人疲劳的，尤其是在需要迅速作出而且没有潜意识帮助的情况下。有些人在作重要决定之前会觉得必须“等明天再作决定”，这完全正确。但是，并不是只有在睡眠中潜意识的过程才能工作。当一个人显意识用在别处时，潜意识也能工作。一个一天工作结束就忘了工作直到第二天工作开始才又记起工作的人很可能工作做得比在中间休息时间还在担心工作的人要好很多。而在工作之外有很多兴趣的人会比在工作之外没有兴趣的人明显地容易做到在应该忘掉工作的时候忘掉工作。但是，这些兴趣必须是不能去使用在一天工作中已经疲惫不堪的官能的。这些兴趣应该不需要意志和快速决策，应该不涉及任何钱财（例如赌博就涉及钱财），应该通常来说不那么令人兴奋以至于造成情感疲劳，并且全面占据显意识和潜意识。

大量的娱乐符合所有这些条件。从这个角度看，看比赛、去戏院看戏、打高尔夫都是无可指责的。对于一个书生气质的人来说，读一些和他的职业活动无关的读物是非常好的。无论忧虑的事情有多重要，不应该在醒的时候都想着它。

在这方面，男人和女人差别巨大。整体而言，要让自己忘掉工作的话，男人比女人容易得多。在女人以在家里做家务作为工作的情况下，这很自然，因为她们没有场所的变化，而男人离开办公室会有场所的变化，可以帮助他们获得新的心情。但是，如果我没搞错的话，就让自己忘掉工作这个方面来说，在家外面工作的女人与男人之间的差异几乎和在家里工作的女人与男人之间的差异一样大。也就是说，外出工作的女人会发现自己对没有实际重要性的任何事物很难产生兴趣。她们的目标主宰了她们的思想和行动，而她们很少会专注于与职责无关的兴趣。当然我不会否认存在例外的情况，但我所说的是在我看来属于普遍的情形。例如，在女子学院中，如果没有男人在场的话，女教师们在晚上仍在讨论工作，而在男子学院中的男教师就不会这样。这种特点看起来似乎是女人比男人更加尽心尽责，但是我并不认为从长远来看这能提高她们的工作质量。而且，这会倾向于造成视野狭隘，从而常常导致一种狂热。

除了放松这一重要用处外，所有的业余兴趣还有各种各样其他的用处。首先，业余兴趣可以帮助一个人保持其均衡感。我们很容易变得如此专注于我们自己的事业、我们自己的圈子、我们自己的工作类型，以至于忘了这是整个人类活动中多么渺小的一部分，这个世界上有多少事完全不受我们所作所为的影响。你也许会问，为什么一个人应该想起这些？答案有几个。首要的是，对这个世界有一个真实的印象以与必需的行动相协调是一件好事。我们中的每一个人在这个世界上的时间都不太长，而一个人在其生命中的不多年份里应该获得关于这个奇异的星球及其在宇宙中的位置的知识。这个世界充满了悲惨的事、欢乐的事、英雄的事、古怪的事、令人惊讶的事，对这些事所呈现出的精彩不感兴趣就是放弃了生活所提供的一项特权。

其次，均衡感是非常宝贵的，而且有时非常能抚慰人心。我们所有人都容易过度兴奋、过度紧张、过度受影响，这里的过度是与我们所生活的世界的一个小角落的重要性，与我们生与死之间的短暂时光的重要性相对而言的。在这种兴奋和对自我的高估之中，没有什么可取的东西。确实，这会让我们更加努力地工作，但不会让我们的工作做得更好。向着好的目标做一点点工作胜过向着坏的目标做大量的工作，虽然在倡导奋发生活的人看来会有不同想法。对自己工作非常在意的人总是处于陷入狂热的危险之中，这种狂热主要在于在记得一两件想要的事物的同时忘记了其他所有事物，并认为在追求那一两件事物时附带在其他方面产生伤害也是没什么关系的。就预防产生这种狂热情绪而言，没有什么比对一个人的人生及其在宇宙中的位置有着宏大的理解更好的了。在这种情形下提到均衡感让均衡感看来是一个非常大的事，但是除了这个特定的用处外，均衡感本身也有巨大的价值。

当代高等教育的缺点之一在于高等教育变得过于强调培养获得特定方面的技能，而过于轻视通过对世界的不失偏颇的调查研究来拓展心智。比方说，你专注于政治斗争，并为你自己党派的胜利而努力工作。至此为止，都还很好。但是可能出现这样的情况，在斗争的过程中出现一些获胜的机会，而要抓住这些机会就会用到一些意在增加世界上仇恨、暴力和猜疑的方法。例如，你可能发现通往胜利的最佳道路是侮辱某些外国人。如果你的思考范围局限于当下，或者如果你将功效是唯一重要之事作为信条，你就会采用这些不一定好的方法。采用这些方法，就你眼前的目标而言，你会取得胜利，但是长远来看，其后果是灾难性的。另一方面，如果你在头脑里总是习惯想着人类的历史，想着人类缓慢的一步步走出野蛮，想着与天文中的时代相比人类的存在的短暂，我的意思是说，如果这些思考已经塑造了你的习惯性的感觉，你就会认识到，就你所从事的斗争的重要性而言，并不值得冒着退回到我们曾经缓慢走出的黑暗之中的风险。不仅如此，如果你在追求当前的目标时遭遇了失败，同样的瞬息感会支撑着你，让你不愿去采用那些会让情况恶化的武器。你将会超越你当前的行为，树立遥远而缓慢显露的目标，在这中间你并不是孤独的个体，而是引领人类走向文明的大军中的一员。如果你具备了这样的观念，无论你个人的命运如何，一种深层次的幸福就绝不会离开你。生命就成为了与各个时代伟人的交流，而个人的死亡不过是微不足道的事件。

如果我有权按照自己的意愿来组织高等教育的话，我会试图把旧的正统宗教替换掉，旧的正统宗教只对年轻人中的一小部分有吸引力，而且通常是对最没有才智的和最为蒙昧的那部分学生有吸引力。用来替换旧的正统宗教的事物也许很难被称为宗教，因为它仅仅是对已经完全确定的事实的集中关注。我会试图让年轻人清楚地认识过去，清楚地认识到人类的未来很可能会比人类的过去不知道要长多少，深刻地意识到我们所生存的星球的渺小以及这个星球上有生命只是一个短暂的事件。在提供这些旨在强调个体渺小的事实的同时，我会提供另一组完全不同的事实，旨在让年轻人的头脑牢记个体所能达到的伟大，并且知晓在所有的星际空间中我们还不知道有事物具有和这种伟大一样的价值。很久以前斯宾诺莎写过有关人的束缚和人的自由的文章，他的形式和语言使得除了哲学研究者外的所有人难以接触其思想，但是我想要表达的实质和他所说的差别不大。

一个曾经认识到是什么让心灵伟大的人，无论这认识有多短暂、多简单，如果他任由自己狭隘、只顾自己、为琐事所困扰、担心自己将来的命运，那么他就不再幸福。能够使心灵伟大的人要大开头脑之窗，让宇宙每一个角落的风都能自由地吹入。他会真实地看待自己、生命和世界，其真实程度是人类所能达到的极限。在认识到人生的短暂和渺小的同时，他还会认识到宇宙中所有已知的有价值的东西都汇聚在人的头脑之中。而且他会认为，头脑反映了世界的人在某种意义上和世界一样伟大。在从为环境所奴役的恐惧中解放出来之时，他会体验到深层的喜悦，从外面看他的生活起伏不定，但在深处他仍是一个幸福的人。

离开这些宏大的思考回到我们更为直接的主题，即业余兴趣的价值，还有另一种考虑可以表明业余兴趣可以为人们获得幸福提供很大帮助。即便在最为幸运的生活中，也会有事情变糟糕的时候。除了单身汉之外，很少有人从来不和妻子拌嘴。很少有父母从来没有为孩子的病情而深受焦虑。很少有商人从来没承受过财务压力。很少有专业人士从来没面对过失败。在这些时刻，对造成焦虑的原因之外的其他事物产生兴趣的能力有着极大的益处。在这些时刻，虽然焦虑却也无计可施之时，有的人会去下棋，有的人会去看侦探小说，有的人会专注于大众天文学，有的人会通过阅读了解有关迦勒底的吾珥（Ur of the Chaldees）的发掘情况来安抚自己。这些人中任何一个人的做法都是明智的，与此相对，不去分散注意力而听任麻烦成为自己的绝对主宰是不明智的，会让他自己在行动的时刻到来之时应对能力变差。非常类似的考虑也适用于无可挽回的伤心之事，例如深爱之人去世。在这种情形下，任由自己沉浸在悲伤之中对任何人都没有好处。悲伤是不可避免的也是意料之中的，但是应该竭尽所能去减少悲伤。像有些人所做的那样要从不幸中取得最大的痛苦，那是纯粹的过于多愁善感。当然我不否认有人被悲伤击垮，但是我要强调的是，每个人应该竭尽所能去避免这种命运，应该寻找任何可以分散注意力的事，无论多不重要的都行，只要不是本身有害或者可耻的事就行。我所认为的有害或者可耻的事包括那些以摧毁（至少是在当时摧毁）人的思想为目的的事，诸如酗酒、吸毒。适当的处理方法不是摧毁思想，而是把思想转换到新的方向，或者至少是远离当前的不幸的方向。如果迄今为止生活已经聚焦在很少的兴趣之上而这些兴趣现在充满了悲伤的话，就很难做到这思想的转换。为了在不幸降临之时能够承受得好一些，明智的做法是在幸福的时候培养一定广度的兴趣，以让头脑中有一些不受干扰的地方，能产生除了当前所要承受的困难之外的其他联想和情感。

一个充满活力和兴致的人在每次遭受打击之后都能兴起对人生和世界的兴趣，这种兴趣也不会让一次打击成为致命的打击，因此他能够克服所有的不幸。被一次或者甚至几次失败所击败并不是什么值得赞赏的感性的证明，而是值得痛惜的活力的缺失。所有我们对他人的情感都受死亡的支配，死亡可以在任何时刻带走我们所爱的人。所以，我们的生活一定不要那么狭隘，以至于让生活的全部的意义和目标都受偶发之事支配。

出于所有这些原因，理智地追求幸福的人要在他生活所赖的主要兴趣之外寻找获得一些次要的兴趣。

第十六章　努力与放弃

中庸之道（golden mean）是一个引不起人们兴趣的信条，我还记得在我年轻的时候我以鄙视和愤怒的态度摒弃它，因为当时我所赞赏的是英勇的极端行为。然而，真理并不总是有趣的，而有些事是因为有趣所以被人相信，虽然事实上几乎没有其他去相信这些事的根据。中庸之道就是一个好例子，中庸之道也许是一个引不起人们兴趣的信条，但是在处理很多事的时候，它是一个理想的信条。

有必要保持中庸之道的一个方面就是关于努力与放弃之间的平衡。倡导努力的信条和倡导放弃的信条都有极端的拥护者。倡导放弃的信条为圣徒和神秘主义者所宣扬，而倡导努力的信条为效率专家（efficiency experts）[①]和强健的基督徒所宣扬。这两个相互对立的流派中的每一个都掌握了真理的一部分，而非全部。在本章中，我会试图去找到一个折中的办法，而我将先从有利于倡

① 效率专家，指专门研究工商企业如何取得经济效益最大化的专业人士。——译者注

导努力的信条的情况说起。

除了非常罕见的情况，幸福不像熟透的果子，仅靠幸运就能落入口中。这就是我给这本书起名《赢得幸福》(*The Conquest of Happiness*）的原因。在一个充满了如此多可避免的与不可避免的不幸、疾病与心理困惑、斗争、贫穷与敌意的世界，想要获得幸福的男人或者女人必须找到方法去应对各种各样让每个人苦恼的不幸福的原因。在一些罕见的情况下，不需要巨大的努力就能获得幸福。一个天生好脾气，继承了一大笔遗产，健康状况良好，而且爱好简单的男人也许可以舒适地度过一生，并且还对别人都在忙乱些什么感到疑惑。一个长相漂亮、性格懒散的女人，如果恰好嫁了一个有钱的、不需要她出力的丈夫，又如果婚后她不介意长胖的话，只要她在孩子方面也有好运气，那么她也同样可以过某种慵懒而舒适的生活。但是，这样的情况是罕见的。多数人不富裕。许多人不是天生的好脾气。许多人有不安分的情感，这让平静而有良好规律的生活对他们来说是乏味得不可忍受的。健康是一种没有人能确定保持的福气。婚姻也并非总是欢乐的源泉。出于所有这些原因，对于大多数男人和女人来说，幸福必定是一项成就，而不是上帝的礼物，而在取得这项成就的过程中，向内的努力和向外的努力都必定发挥了巨大的作用。向内的努力也许包括做出必要的放弃的努力，所以，现在让我们只考虑向外的努力。

当任何一个人，无论男女，不得不为了生计而工作时，在这方面有努力的需要是太明显了，已无需强调。诚然，印度的托钵僧无需努力就能维持生活，只要拿出钵来等信徒施舍就行了，但是在西方国家，政府并不以赞许的眼光来看待这种获得收入的方式。再者，西方国家的气候让这种获得收入的方式比起在更干热的国家要来得没那么舒服。至少，在冬季很少有人懒到情愿去户外无所事事，也不愿在有供暖的房间里工作。所以，在西方，单纯的放弃不是一条生财之道。

对于非常高比例的西方国家的人们来说，仅仅维持生活是不足以让其幸福的，因为他们想要成功的感觉。在某些职业，例如科学研究，没有取得高收入的人也能获得成功的感觉，但是在大部分职业中，收入成为了衡量成功的标准。此时，我们触及一个问题，即在大部分情况下有点放弃的成分是可取的，因为在一个竞争的世界里，只有小部分人有可能取得显著的成功。

婚姻是一件可能需要努力，也可能不需要努力的事，这要看所处的环境。当一种性别处于少数的时候，就像现在英国的男性和澳大利亚的女性，这少数性别的成员如果想结婚的话通常不需要为之付出什么努力。但是，对于多数性别的成员，情况则相反。在女性占多数的地方，研究了女性杂志中的广告就能弄清楚女人们在婚姻方面做了多大努力，耗费了多少心思。在男性占多数的地方，男人们常常采用更为便捷的方法，诸如操作左轮手枪。这是自然的，因为大部分男人常常只是处于文明的边缘。我不清楚如果在英国发生一场对两性有不同影响的瘟疫而让男人成为多数的话，男人们会怎么做，他们也许会不得不恢复到过去时代的殷勤态度。

成功养育孩子需要付出极大的心血，这是如此明显以至于没人会否认这一点。在那些信奉放弃和被误称为“精神”人生观的观念的国家里，婴幼儿死亡率高。医疗、卫生、不被感染和适当的饮食这些事情都是要通过单调而又全神贯注的工作才能取得的，需要面对物质环境的体力和智力。认为这些事只是假象的人也会同样认为肮脏也是假象，正是这种想法导致了他们孩子的死亡。

更宽泛地讲，可以说某种形式的权力构成了每一个天生的欲望还未衰退的人的正常而正当的目标。一个人所想取得的权力的种类取决于他的占主导地位的情感。有的人想要控制其他人行动的权力，有的人想要控制其他人思想的权力，有的人想要控制其他人情感的权力。有的人想要改变物质环境，有的人想要源自精通知识的权力感。每一种公共工作都涉及对某种对权力的欲望，除非做这工作纯粹是为了通过腐败来获取财富。一个受纯粹的利他主义驱使，为人类不幸的景象而感到痛苦的人，如果他的痛苦是发自内心的，他会想要减轻不幸的权力。唯一对权力完全冷漠的人就是对他的同胞完全冷漠的人。所以，某些形式的权力欲应被当作创造良好社会的那类人所需的素养的一部分来接受。而任何形式的权力欲，只要是还没被挫败，就会引起相关形式的努力。从西方的思想来说，这个结论似乎是老生常谈，但是，现在在西方国家中有不少人轻率地接受东方正在抛弃的所谓“东方智慧”。在他们看来，也许我们刚才讲的是值得怀疑的，而如果真是这样的话，刚才讲一下还是值得的。

然而，放弃在赢得幸福中也发挥着作用，而且其作用的必要性不亚于努力。虽然明智的人对于可以防止的不幸不会置之不理，但是他不会在不可避免的不幸上浪费时间和情感，而且甚至当为了避免不幸所需要的时间和体力会影响他对某些更为重要的目标的追求时，他会不得已地接受这本身可以避免的不幸。许多人对于每一件出了差错的小事都会因此陷入烦躁或者狂怒，而这样大量原本可以更为有效使用的精力都被浪费了。即便是在追求真正重要的目标时，在情感上牵涉太深以至于对可能的失败的想法构成对心灵安宁的持久威胁的话，也是不明智的。基督教教导人们要遵从上帝的旨意，而即便对于不能接受这样措辞的人们，在所有他们的行动中也应该渗透着某些相同种类的东西。在实际工作中，效率和我们所投入的情感是不成正比的，甚至有时情感还会妨碍效率。所需要的态度是尽自己最大努力去做，而把结果交给天意。放弃有两种类型，一种放弃的根源是绝望，另一种放弃的根源是无法赢得的希望。第一种是不好的，而第二种是好的。一个遭遇了严重挫败以至于放弃取得严肃成就的希望的人可能会学到源自绝望的放弃，而如果他真的放弃了，那么他会放弃所有严肃的行为。他可能会用宗教用语或者沉思是人的真正目的这样的信条来掩饰自己的绝望，但是无论他用什么来伪装已隐藏他内心的挫败，他仍然会是一个本质上无用且从根本上讲不快乐的人。基于无法赢得的希望而放弃的人的行为方式则截然不同。无法赢得的希望必定是宏大的和非个人的。无论我个人做了什么，我可能会为死亡或者某些类型的疾病所挫败，我可能会为我的敌人所击败，我可能会发现自己进入了一个无法通往成功的不明智的进程。纯粹个人的希望也许不可避免地以千差万别的方式破灭，但是如果个人的目标是全人类更为宏大的希望的一部分，那么当个人的希望破灭的时候，就和完全的挫败不一样。一个想要做出伟大发现的科学研究人员也许他自己没能做出伟大发现，或者由于头部遭受重击不得不放弃自己的工作，但是如果他深切地期望科学取得进步，而不仅仅是他个人对此作出贡献的话，他就不会感受到出于纯粹个人动机进行研究的人所感到的绝望。一个为了某些急需的改革而工作的人可能会发现所有他的努力被一场战争耽搁了，而且不情愿地认识到在他的有生之年他曾为之工作的改革不会再来了。但是，只要除了他自己参与的部分以外，他对人类的未来也感兴趣的话，他不必为此陷入彻底的绝望之中。

我已讨论的情况是最难做到放弃的情况，还有许多其他容易得多的情况。在这些情况中，遇到阻碍的只是次要的目标，而人生的主要目标仍然有着成功的希望。例如，如果一个从事重要工作的人因为婚姻不幸而心神烦乱，那就说明他没能做到那种可取的放弃。如果他的工作真的引人入胜的话，他应该以对待雨天的方式来对待这种次要的困扰，也就是说为此大惊小怪是愚蠢的。

有些人对于那些即便是轻微的问题也不能忍受，如果任由他们这样的话，这些轻微的问题会占据他们生活的很大部分。当错过火车时，他们会暴怒。如果晚餐做得不好，他们会愤怒。如果烟道冒烟，他们会陷入绝望。当他们的衣服没有从卫生的蒸汽洗衣房送回来时，他们会发誓报复整个行会。这些人在琐碎的问题上所浪费的精力如果能用在更加明智的方向上的话，足以建立或者推翻一个帝国。明智的人不会注意到女佣没有擦去的灰尘，厨师没有煮的土豆和烟囱清扫工没有清扫掉的煤灰。我的意思不是说，如果他有时间采取措施去纠正这些问题，他也不会去做。我的意思只是说，他在应对它们时应该不带情绪。忧虑、烦躁和恼怒这些情绪是无济于事的。那些强烈感受到这些情绪的人们也许会说他们不能克服这些情绪，我不确定除了我们在前面所说的根本的放弃以外还有什么能克服这些情绪。能让一个人忍受个人在工作上的失败或者一段不幸婚姻的困扰的那种对于宏大而非个人的希望的专注，也能让他在错过火车时或者伞掉进泥里时保持忍耐成为可能。如果他性情烦躁不安的话，我不确定除此之外还有其他办法能矫正他了。

从忧虑的王国里解放出来的人会发现，与过去永无休止地被激怒时相比，现在的生活快乐得多。熟人身上的怪癖，在以前会让他想要尖叫，而现在他仅仅觉得引人发笑。当某人在第 347 次叙述火地岛主教的轶事时，他会以记下这次数为乐，而不想去用他自己知道的一个轶事去尝试没什么实际意义的打岔。当他在急匆匆赶清晨火车的路上靴带断裂时，在适当的咒骂之后，他会想在宇宙的历史中，这件事情没什么重要性。当他的求婚被一个无趣的邻居的来访所打断时，他会想除了亚当之外所有人都可能遇到灾难，而即便是亚当，也有他自己的烦恼。人们可以无限制地通过异乎寻常的比喻和奇怪的比较从微小的不幸中找到安慰。我料想，文明的男人和女人都有一些自己的形象，而如果发生什么事破坏了这形象，他或者她就会恼怒。最好的解决办法就是有不止一个形象，而是有能塞满一整个展馆的形象，以便选择一个适合相关事情的形象。如果有些形象看上去稍微有些可笑，那就更好了。整天把自己看成是高调悲剧中的主人公是不明智的。我并不建议一个人总是把自己看成是喜剧中的小丑，因为这样做的人甚至更加令人生气。选择适合具体情况的角色需要一些技巧。当然，如果你能够忘记自己而且不扮演任何角色，那是值得赞赏的。但是，如果扮演角色已经成为第二天性的话，你要考虑多扮演几个角色，以免单调乏味。

许多积极的人认为，最少的一点点放弃和最微小的一丝幽默也会毁了他们干工作的精力和他们认为能帮助他们取得成功的决心。依我来看，这些人是错误的。值得做的工作甚至可以由那些在工作的重要性和完成工作的容易程度方面都不自欺的人们来完成。那些只有靠自欺支撑才能从事工作的人们在继续他们的职业生涯前最好先去上一课以学会忍耐现实，因为需要靠虚构的事来维持早晚会导致他们的工作变得有害而无益。什么都不做也比做有害的事要好。世界上有用的工作中有一半就是与有害的工作作斗争。花一点时间去学习认清事实不是浪费时间，因为这样之后所做的工作，与那些需要持续膨胀自我来刺激自己精力的人们的工作相比，有害的可能性会小得多。某些种类的放弃需要愿意面对有关我们自己的现实，这种放弃虽然在最初会带来痛苦，但最终会提供一种保护，让我们免受自欺者所易受的那种失望和幻想破灭。而要让我们免受自欺者所易受的那种失望和幻想破灭的话，这确实也是唯一可能的保护。每天都努力去相信那些每天都变得越来越不可信的事，是最令人疲惫的，而从长远来看，也是最令人恼火的。彻底不做这样的努力是实现和保持幸福的一个必不可少的条件。

第十七章　幸福的人

幸福与否显然部分取决于外部环境，部分取决于自身。在本书中，到现在为止我们关注的是取决于自身的部分，我们得到这样的观点，即就取决于自身的部分而言，幸福的诀窍是非常简单的。许多人认为，一个人如果没有大体上属于宗教类的信条，幸福是不可能的。我想这许多人中一定包括我们在之前的一章中所讨论的克鲁奇先生。许多自己不快乐的人认为他们的悲伤有着复杂而高度理智的根源。我不相信这些事是幸福或者不幸福的原因，我认为它们只是表现了幸福或者不幸福。通常，不幸福的人会选取不幸福的信条，而幸福的人会选取幸福的信条。每一类人都可能把他的幸福或者不幸福归因于他的信念，然而真实的因果关系恰恰相反。对于大多数人来说，有些事对于幸福是必不可少的，但这些事都是些简单的事：食物和居所、健康、爱情、成功的工作和自己群体的尊重。对某些人来说，为人父母也是实现幸福所必不可少的事。如果缺少这些，只有很特别的人能够获得幸福。但是在这些已经具备或者可以通过有针对性的努力获得的情况下，如果一个人仍不幸福的话，那他就是有些心理失调。如果这心理失调非常严重的话，也许需要精神科医生的治疗，但是在普通的情况下，只要病人能够以正确的方法着手处理这问题，病人自己就能治愈。当外部环境不是非常糟糕时，只要一个人的情感和兴趣是向外的，而不是向内的，他就能够获得幸福。所以，我们应该在教育和适应这个世界的过程中致力于避免以自我为中心的情感和获得能阻止我们总是永无休止地想着我们自己的那些喜爱和兴趣。在牢笼中感到幸福不是大部分人的天性，而把我们禁闭于我们自身的那些情感是最为糟糕的牢笼之一。在这些情感中，最为常见的几种是恐惧、忌妒、负罪感、自怜和自我赞赏。在所有这些情感中，我们的愿望是以我们自己为中心的，对于外部世界，除了仅有的顾虑——唯恐外部世界会以某种方式伤害我们或者不能满足我们的自我之外，则没有真正的兴趣。主要是由于恐惧，人们不愿意承认事实，并渴望用虚构之物织成的温暖外衣裹住自己。但是，荆棘会撕开温暖的外衣，冷风从撕裂处进入，此时习惯了温暖的人所受的苦会远远超过从一开始就让自己变得坚强的人所受的苦。还有，自欺的人们一般实际上知道自己在做什么，所以会生活在一种忧虑的状态之中，唯恐有什么事与愿违的事迫使他们直面现实。

以自我为中心的情感的巨大缺点之一就是它们为生活提供的变化太少。诚然，一个只爱他自己的人无法被指责为滥情，但是，他最终注定会因为他挚爱的对象永不变化而深受不可忍受的厌烦折磨。负罪感是一种特定形式的自爱。在受负罪感折磨的人看来，在浩瀚的宇宙之中最为重要的事就是他自己应该具备美德。在某些传统宗教中的一个重大缺陷就是它们鼓励这种特定形式的自我专注。

幸福的人过着客观的生活，有着自由的喜爱和广泛的兴趣。继而，这些喜爱和兴趣让他成为许多其他人的兴趣和喜爱的对象。他凭借着这些喜爱和兴趣，以及由此带来的其他人对他的兴趣和喜爱去获得幸福。成为喜爱的接受者是幸福的一个强大原因，但是，索要喜爱的人不是被给予喜爱的人。一般来说，得到喜爱的人就是那个给予喜爱的人。但是，试图像发放有息贷款一样先算计好，再给予喜爱是没有用的，因为算计之后的喜爱不是真心的，得到者也不会觉得它是真心的。

那么，一个因作茧自缚而不幸福的人能做什么呢？只要他还继续想着他不幸福的原因，那么他就继续以自我为中心，所以没有走出恶性循环。如果他要走出这恶性循环，那就要靠真正的兴趣，而不是靠纯粹被当作药剂来使用的假装的兴趣。虽然这确实有些困难，然而如果他能够正确地判断出自己的问题，他有很多事可以做。例如，如果他的问题是由有意识的或者无意识的负罪感引起的，他可以先让自己的意识相信他没有理由感到自己有罪，然后继续使用我们在之前几章中讨论过的那种技巧把合理的信念植入他的无意识之中，同时让他自己关心一些大体上中性的活动。如果他成功地消除了负罪感，真正客观的兴趣很可能会自发地产生。如果他的问题是自怜，他可以先让自己相信他的情况没有什么特别不幸的地方，然后再用同样的方式处理就行了。如果恐惧是他的问题，就让他做旨在增加勇气的练习。远古以来，战争中的勇气被认为是一项重要的美德，而对男孩和男青年训练中的一大部分是致力于培养一种能够无惧战斗的品格。但是，道德的勇气和智力的勇气至今被研究得少得多，但是也自有其培养方法。让你自己每天至少接受一个痛苦的现实，你会发现这和男童子军每天有益的活动一样有用。教会你自己去感受，即便你在美德和智力方面都没有（当然实际上你有）显著优于你所有的朋友，生活还是值得去过的。这种练习延续数年最终将使你能够不退缩地接受现实，这样一来，就把你从幅员辽阔的恐惧王国中解放出来了。

在你克服了自我专注这个毛病之后，一定要让客观的兴趣通过你的天性和外部环境的自发运转而产生。不要事先对你自己说："如果我迷上集邮的话，我就会快乐了"，然后才去集邮，因为有可能你对集邮一点兴趣都没有。只有那些真正让你感兴趣的事物才会对你有用，但是你可以确信，一旦你学会不沉浸在自我之中，真正客观的兴趣会成长起来。

幸福的生活在极大的程度上与善的生活是一样的。职业的伦理学家过于强调克己，这样就把重点放错了地方。有意识的克己让一个人变得自我专注，而且清晰地意识到他牺牲了什么，结果他常常达不到其眼前目标也几乎总是达不到其终极目标。所需要的不是克己，而是一种指向外部的兴趣。就一个专注于追求他自身美德的人只能通过有意识的克己才能做出的行为而言，这种指向外部的兴趣能让人自发而出于天性地做出同样的行为。我写作这本书的身份是一名快乐主义者，即一个把幸福作为善的人，但是，从快乐主义者的角度推荐的行为与理智的伦理学家所推荐的行为大体上是一致的。但是，伦理学家太倾向于强调行为，而不是心理状态，当然虽然并非全部如此。根据行为人在行动时的心理状态的不同，行动对行为人的影响差异会很大。如果你看到一个小孩溺水时，出于提供帮助的直接冲动去救人，那么在道德上你不会显得变差。另一方面来说，如果你对自己说："救助无助的人是美德的一部分，而我想成为一个有美德的人，所以我必须救这个孩子”，那么你在事后甚至会成为一个比事前更糟的人。适用于这个极端例子的道理也适用于许多其他不那么明显的情况。

在我一直所推荐的生活态度与传统的伦理学家所推荐的生活态度之间还存在另一个差别，这个差别有点更加不明显。例如，传统的伦理学家会说爱情应该是无私的。在某种意义上，他是正确的，也就是说，爱情的自私不应该超过一定的限度，但是爱情无疑应该带有一点自私的性质，因为一个人自己的幸福与爱情的成功有紧密的关系。如果一个男人向一个女人求婚，理由是他热切地希望她能幸福，同时他认为她能够为他提供理想的自我牺牲的机会，我想她是否会完全高兴是不无疑问的。无疑我们应该希望我们所爱的人幸福，但不应把我们所爱的人的幸福当作是我们自己的幸福的替代品。克己的信条表明了自我与世界其他部分之间的对立，而一旦我们对我们之外的人和物有了真正的兴趣，全部的这种对立就会消失。通过这种兴趣，一个人会感受到他自己是生命之流的一部分，而不是一个像台球一样除了碰撞之外与其他同类实体之间没有联系的、坚硬的独立实体。所有的不幸福都是由于某种类型的分裂或者缺乏协调。有意识与无意识之间缺乏协调是自我内部的分裂。当自我与社会没有借助客观的兴趣与喜爱的力量结合起来时，自我与社会之间缺乏协调。幸福的人不会受到这些不协调之中任何一种的折磨，他的人格既不会自我分裂，也不会与世界对立。这样的人感到自己是宇宙的成员，自由地享受宇宙所提供的景象与欢乐，想到死亡也不会感到困扰，因为他感到他自己没有和后来的人们真正分开。正是在与生命之流如此深切的本能的结合之中，才能找到最大的快乐。

图书在版编目(CIP)数据

赢得幸福/(英)伯特兰·罗素
(Bertrand Russell)著;张琳译.—上海:上海人民
出版社,2021
书名原文:The Conquest of Happiness
ISBN 978-7-208-17110-7

Ⅰ.①赢… Ⅱ.①伯… ②张… Ⅲ.①幸福-研究
Ⅳ.①B82

中国版本图书馆 CIP 数据核字(2021)第 091469 号

责任编辑 于力平
封面设计 周伟伟

赢得幸福
[英]伯特兰·罗素 著
张 琳 译

出　　版 上海人民出版社
(200001 上海福建中路 193 号)
发　　行 上海人民出版社发行中心
印　　刷 江阴市机关印刷服务有限公司
开　　本 635×965 1/16
印　　张 11.5
插　　页 4
字　　数 122,000
版　　次 2021 年 7 月第 1 版
印　　次 2021 年 7 月第 1 次印刷
ISBN 978-7-208-17110-7/B·1558
定　　价 49.00 元

本书译自

The Conquest of Happiness，Routledge，2010

MINERVA

· 密涅瓦 ·

《论人的奴役与自由》 [俄] 别尔嘉耶夫 著 张百春 译

《论精神》 [法] 爱尔维修 著 杨伯恺 译

《论文化与价值》 [英] 维特根斯坦 著 楼 巍 译

《论自由意志——奥古斯丁对话录二篇》(修订译本) [古罗马] 奥古斯丁 著 成官泯 译

《论婚姻与道德》 [英] 伯特兰·罗素 著 汪文娟 译

《赢得幸福》 [英] 伯特兰·罗素 著 张 琳 译